DSCG 4

Comptabilité et audit

FICHES DE RÉVISION

4e édition

Robert Obert
Agrégé d'économie et gestion
Docteur en sciences de gestion
Ancien directeur des études de l'Intec
Diplômé d'expertise comptable

DUNOD
leader de l'expertise comptable

en partenariat avec

EDITIONS
FRANCIS LEFEBVRE

Crédits iconographiques

p. 10 : © Exchange by kiddo from the Noun Project ; © Backup by Just Someone Else Here from the Noun Project ; © Percentage by Xiaoying Huang from the Noun Project; © Future by Alice Design from the Noun Project ; © Records by DinosoftLab from the Noun Project ; p. 33 : © Properties by Icon Lauk from the Noun Project ; © Accounting by Creative Stall from the Noun Project ; © More by The Icon Z from the Noun Project ; p. 161 : © Civil rights by myiconfinder from the Noun Project ; © Empty by Rflor from the Noun Project ; © Diploma by Ben Davis from the Noun Project ; © Integrity by Adrien Coquet from the Noun Project ; p. 163 : © Europe by Cristian Scarlat from the Noun Project ; © Empty by Rflor from the Noun Project ; © ID badge by Kaylen Yul Lee from the Noun Project ; © Diploma by Ben Davis from the Noun Project.

Maquette de couverture
et maquette intérieure : Yves Tremblay
Mise en page : Nord Compo

11 rue Paul Bert, 92240 Malakoff
www.dunod.com
ISBN 978-2-10-084107-3

Sommaire

Remarques

- Les fiches 1 à 10 correspondent à la partie 1 « Restructurations », les fiches 11 à 20 à la partie 2 « Normes internationales », les fiches 21 à 39 à la partie 3 « Comptes de groupe » et les fiches 40 à 50 à la partie 4 « Audit » du programme.
- Par mesure de simplification, le taux d'impôt sur les sociétés sera toujours de 25 %. En pratique, il y a lieu de considérer le taux réel applicable (33 1/3 % ; 31 % ; 28 % ; 26,5 % ; 25 %, selon les années).
- Les opérations de restructuration (fiches 1 à 10) sont traitées par le PCG, lequel comprend une liste (art. 932-1) prévoyant une numérotation spécifique pour chaque compte. En normes françaises relatives à la consolidation et en normes internationales, il n'existe pas de disposition équivalente. C'est pourquoi nous avons choisi de présenter les écritures comptables de consolidation et de normes internationales sans indiquer de numéros de compte.

Avant-propos

Bienvenue dans l'univers des fiches de révision Expert Sup !

Retrouvez l'essentiel du programme en **cinq mots-clés**.

1 MOBILES

Les fiches sont détachables ! Elles permettent donc de réviser en toutes circonstances pour des usages variés : glissées dans le manuel, en complément du cours, à emporter partout pour optimiser votre temps (dans les transports, entre deux cours…), etc.

#Détachable #Pratique #Utile #Nomade

2 SIMPLES

La structure des fiches est basique et claire. Chaque fiche comporte des titres et rubriques aisément repérables, des mots-clés, des notions essentielles surlignées.

#Clair #Concis #Efficace #PrêtÀRéviser

3 VISUELLES

Les fiches détachables Dunod reprennent l'essentiel du cours comme vous auriez pu le faire. Les informations les plus importantes ont été sélectionnées et mises en avant dans les rubriques ou surlignées dans le texte.

Des schémas, tableaux et autres synthèses facilitent la mémorisation du cours.

#Synthétique #Visuel #Structuré

4 ERGONOMIQUES

La navigation d'une fiche à l'autre est aisée : les nombreux renvois vous guident et vous permettent de progresser à votre rythme tout en liant les notions du programme. La lecture n'est donc pas nécessairement linéaire.

#Souple #Complémentaire

5 FIDÈLES AU PROGRAMME

100 % conformes au nouveau programme applicable depuis la rentrée 2019, les fiches couvrent toutes les notions incontournables. À la fin de chaque fiche, la rubrique « Le + de l'expert » vous offre de précieux conseils pour faire la différence lors de l'épreuve.

#Fiable #RéussiteAssurée

1 Modalités des opérations de restructuration

Mots-clés

Apport partiel d'actif • Augmentation de capital • Commissaire à la fusion • Fusion à l'endroit • Fusion à l'envers • Fusion sans échange de titres • Projet de fusion • Régime spécial des fusions • Restructuration • Scission • Transmission universelle de patrimoine

Le terme générique de restructuration peut être défini comme une opération par laquelle un ensemble organisé voit sa structure organisationnelle remaniée en vue d'atteindre une nouvelle configuration. Il englobe les différentes formes de fusion (fusion par création de société nouvelle, fusion-absorption, fusion sans échange de titres ou fusion simplifiée) et les opérations assimilées (scission, apports partiels d'actif, transmission universelle de patrimoine).

1 Nature des opérations de restructuration

A. Fusion

Code de commerce, art. L. 236-1 al. 1. Une fusion est une opération dans laquelle plusieurs sociétés transmettent leur patrimoine à une société existante ou à une nouvelle société qu'elles constituent.

Les fusions peuvent s'effectuer selon deux modes :

- Par création d'une société nouvelle à laquelle plusieurs sociétés apportent leur actif et leur passif (fusion-création).
- Par l'absorption qu'effectue une société existante des actifs et passifs d'une ou plusieurs sociétés. En fait, cette opération peut être traduite (au moins sur le plan comptable) en une augmentation de capital pour la société absorbante et en une liquidation pour la société absorbée (fusion-absorption).

Définition

Une fusion est dite simplifiée (ou sans échange de titres) lorsque :
– la société absorbante détient, en permanence, la totalité des actions représentant l'intégralité du capital des sociétés absorbées (ou dans certains cas, au moins 90 %) ;
– une même société (« société tierce ») détient, en permanence, la totalité des actions représentant l'intégralité du capital de la société absorbante et des sociétés absorbées.

Dans le cadre d'une fusion simplifiée, la nomination d'un commissaire à la fusion n'est pas nécessaire.

B. Fusion à l'endroit et fusion à l'envers

Le PCG distingue les fusions à l'endroit et les fusions à l'envers.

PCG, art. 742-1. Une fusion à l'endroit est une fusion à l'issue de laquelle la personne morale, actionnaire principal de l'entité absorbante avant l'opération, conserve, bien que dilué le cas échéant, son pouvoir de contrôle sur l'absorbante.

▶ Exemple

Alpha, société au capital de 8 000 actions, absorbe Bêta, société au capital de 5 000 actions dont elle en possède 2 000. Il est remis 2 actions Alpha pour 3 actions Bêta. L'augmentation de capital d'Alpha est de (5 000 – 2 000) × 2/3 = 2 000 actions. Ses anciens actionnaires resteront majoritaires après la fusion (8 000 actions sur 10 000). C'est une fusion à l'endroit. ◂

PCG, art. 742-2. Une **fusion à l'envers** est une fusion à l'issue de laquelle la personne morale, actionnaire principal de l'entité absorbée avant l'opération, prend le contrôle de l'entité absorbante, appelée cible.

▶ Exemple

La société Alpha, société au capital de 8 000 actions, absorbe la société Gamma, société au capital de 7 000 actions dont elle possède 1 000 actions. Il est remis 3 actions Alpha pour 2 actions Gamma. L'augmentation de capital d'Alpha est de (7 000 – 1 000) × 3/2 = 9 000 actions. Les anciens actionnaires d'Alpha ne resteront pas majoritaires après la fusion (8 000 actions sur 17 000). Il s'agit d'une fusion à l'envers. ◂

C. Scission

Code de commerce, art. L. 236-1 al. 2. Une **scission** est une opération dans laquelle le patrimoine d'une société est transmis, soit à deux ou plusieurs sociétés existantes, soit à deux ou plusieurs sociétés nouvelles

▶ Exemple

La société anonyme Alpha qui gère deux branches d'activité, a décidé de se scinder en deux sociétés nouvelles, les sociétés anonymes Bêta et Gamma. Les actions des sociétés Bêta et Gamma seront attribuées aux anciens actionnaires de la société Alpha qui sera dissoute. ◂

D. Apports partiels d'actif

Un **apport partiel d'actif** (↳ fiche 10)est une opération par laquelle une société apporte à une autre (société nouvelle ou existante) une partie de ses éléments d'actif et reçoit, en contrepartie, des titres émis par la société bénéficiaire des apports.

▶ Exemple

La société anonyme Alpha a décidé de céder une branche d'activité autonome à la société anonyme Bêta. Pour rémunérer l'apport d'Alpha, Bêta va créer un certain nombre d'actions qui seront remises aux actionnaires d'Alpha. ◂

E. Transmission universelle de patrimoine (TUP)

Définition

Régie par l'article 1844-5 du Code civil, la **transmission universelle de patrimoine** est la réunion de toutes les parts sociales d'une société en une seule main.

Dans l'hypothèse d'une transmission universelle de patrimoine, la société mère peut dissoudre sa filiale.

▶ Exemple

La société anonyme Alpha est devenue propriétaire de l'intégralité des parts de la société anonyme Bêta. Au lieu de procéder à une fusion sans échange de titres (ou simplifiée), l'associé, personne morale unique de la société Bêta, peut décider au titre de l'article 1844-5 du Code civil de dissoudre, sans autres formalités qu'une insertion dans un journal d'annonces légales et une déclaration aux services fiscaux chargés des opérations d'enregistrement. ◀

2 Aspects juridiques des opérations de restructuration

Les opérations de restructuration sont décidées, par chacune des sociétés intéressées, dans les conditions requises pour la modification de leurs statuts. Dans le cadre des sociétés anonymes, la fusion est décidée par l'assemblée générale extraordinaire de chacune des sociétés qui participent à l'opération. Les décisions de l'assemblée s'appuient sur un **projet de fusion** et sur le rapport du commissaire à la fusion.

A. Contenu du projet de fusion

Selon l'article R. 236-1 du Code de commerce, le projet de fusion doit contenir les informations minimales suivantes :
- la forme, la dénomination et le siège social de toutes les sociétés participantes ;
- les motifs, buts et conditions de la fusion ;
- la désignation et l'évaluation de l'actif et du passif dont la transmission aux sociétés absorbantes ou nouvelles est prévue ;
- les modalités de remise des parts ou actions [...] ;
- les dates auxquelles ont été arrêtés les comptes des sociétés intéressées [...] ;
- le rapport d'échange des droits sociaux et, le cas échéant, le montant de la soulte ;
- le montant prévu de la prime de fusion [...].

B. Rôle du commissaire à la fusion

En cas de fusion de sociétés et selon l'article L. 236-10 du Code de commerce, un ou plusieurs commissaires à la fusion établissent, sous leur responsabilité, un rapport écrit sur les modalités de la fusion. Ils doivent apprécier la valeur des apports en nature et les avantages particuliers. Ils doivent vérifier que les valeurs relatives attribuées aux actions des sociétés participant à l'opération sont pertinentes et que le rapport d'échange est équitable. Ils doivent également établir un rapport appréciant la valeur des apports en nature.

3 Fiscalité applicable aux fusions

En vue d'encourager les restructurations d'entreprises, un régime d'exonération et de sursis d'imposition a été institué pour les fusions de sociétés passibles de l'impôt sur les sociétés (IS) :

- Dans le cadre du **régime spécial des fusions** de l'article 210 A du CGI, les plus-values nettes et les profits dégagés sur l'ensemble des éléments d'actif apportés du fait d'une fusion ne sont pas soumis à l'IS.
- L'application de ces dispositions est subordonnée au respect par l'absorbante, des conditions suivantes :

Conditions d'éligibilité au régime spécial des fusions

Reprise au passif des provisions à l'imposition différée, des réserves spéciales (plus-values à long terme soumises au taux réduit et provisions pour fluctuation des cours)

Substitution de l'absorbante à l'absorbée pour la réintégration des résultats pris en compte de manière différée pour l'imposition

Calcul, d'après leur valeur du point de vue fiscal dans la société absorbée, **des plus-values postérieures** à la cession des immobilisations non amortissables apportées

Réintégration à l'avenir, dans les bénéfices imposables de l'absorbante, **des plus-values** dégagées lors de l'apport des biens amortissables

- **Inscription au bilan** des éléments autres que les immobilisations pour leur valeur du point de vue fiscal dans les écritures de la société absorbée.
- À défaut, **intégration, dans les résultats** de l'exercice au cours duquel intervient l'opération, du profit correspondant à la différence entre la nouvelle valeur de ces éléments et leur valeur du point de vue fiscal dans les écritures de l'absorbée

LE + DE L'EXPERT

Maîtrisez bien les définitions. Distinguez les fusions à l'endroit et les fusions à l'envers, très importantes en matière de traitement comptable. Veillez à ne pas confondre la fusion sans échange de titres et la transmission universelle de patrimoine.

2 Évaluation des titres et parités d'échange

Mots-clés

Méthode d'évaluation • Parité • Projet de fusion • Soulte

Lors d'une opération de restructuration, il y a généralement un échange de titres entre plusieurs sociétés. C'est le cas notamment d'une fusion-absorption où les titres de la société absorbée doivent être échangés contre des titres de la société absorbante.

1 Évaluation des parités

Définition

La **parité** est le rapport d'échange des titres anciens contre des titres nouveaux, en particulier dans le cadre de la fusion par absorption.

Le premier enjeu consiste à définir la valeur de chaque titre, puisque ce sont ces valeurs qui vont permettre d'établir la parité. Le second enjeu consiste à obtenir une parité d'échange simple. Or les valeurs recherchées ne conduisent pas toujours à un rapport facile à mettre en œuvre, d'où la nécessité d'arrondir les valeurs ou de pratiquer un système de soulte.

Ce n'est pas tant l'évaluation de l'actif net des sociétés qui importe que la comparaison de leur « poids » respectif. Cette comparaison implique en particulier :

- l'emploi de méthodes d'évaluation multicritères ;
- l'homogénéité des méthodes d'emploi de ces critères ;
- l'arrêt des comptes servant de base à la fusion à une même date.

La valeur d'apport de la société absorbée (qui figure dans le **projet de fusion** ↳ fiche 1) peut être différente de la valeur retenue pour le calcul de la parité d'échange.

2 Méthodes d'évaluation applicables dans le cadre de restructurations

Différentes **méthodes d'évaluation** peuvent être envisagées pour évaluer les entités dans le cadre d'une fusion ou d'une opération assimilée. Les évaluations portent sur :

- l'actif net comptable ou situation nette comptable est la différence entre le montant de l'actif et l'endettement total (dettes dues à des tiers et provisions) ;
- l'actif net comptable corrigé appelé aussi communément valeur intrinsèque est le montant du capital qu'il serait actuellement nécessaire d'investir pour reconstituer le patrimoine utilisé dans l'entreprise dans l'état où il se trouve. La notion de valeur mathématique, qui s'applique notamment à l'évaluation des titres, est le rapport entre l'actif net comptable corrigé et le nombre de titres. L'actif net comptable corrigé peut être majoré d'un *goodwill* qui représente l'excédent de la valeur globale de l'entreprise sur la somme des valeurs des divers éléments corporels et incorporels qui la composent ;

- la valeur de la capitalisation boursière d'une entité est égale au cours en Bourse multiplié par le nombre d'actions ou de parts ;
- la valeur financière est la valeur déterminée des titres, en tenant compte d'un taux d'actualisation à partir d'un dividende constant sur un nombre indéfini d'années ;
- la valeur de rendement est la valeur déterminée des titres tenant compte d'un taux d'actualisation à partir d'un bénéfice constant sur un nombre indéfini d'années ;
- la valeur déterminée par actualisation des flux futurs de trésorerie (méthode dite du *discounted cash flow* ou DCF) ;
- les valeurs déterminées par des méthodes comparatives (soit par le dividende, soit par le bénéfice).

Certaines de ces valeurs peuvent être combinées entre elles. Ainsi en est-il de la méthode des praticiens dans laquelle la valeur de l'entreprise est égale à la moyenne arithmétique entre la valeur de rendement et l'actif net comptable corrigé.

3 Prise en compte d'une soulte éventuelle

L'article R. 236-1 du Code de commerce (al. 6) précise que le projet de fusion doit indiquer le rapport d'échange des droits sociaux et, le cas échéant, le montant de la **soulte**. Cette soulte ne peut dépasser 10 % de la valeur nominale des parts ou des actions attribuées. Il y a donc lieu, lorsque le calcul des valeurs des titres qui serviront à établir la parité ne permet pas d'obtenir un rapport d'échange simple, de déterminer une soulte à payer en espèces.

▸ Exemple

Vous êtes appelé(e) à réaliser la fusion de la société Alpha et de la société Bêta. La société Alpha est propriétaire de 60 % du capital et des droits de vote de la société Bêta.
Le capital d'Alpha est composé de 10 000 actions de 100 € et celui de Bêta de 15 000 actions de 100 €. La valeur estimée de l'action Alpha est de 148 € alors que celle de l'action Bêta est de 200 €.
Comme la valeur unitaire des titres Bêta est de 200 € et celle des titres Alpha de 148 €, il devrait être remis 200 actions Alpha pour 148 actions Bêta., ce qui ne faciliterait pas les échanges. Il eut été préférable de considérer que l'action Alpha soit de 150 € et de remettre, pour chaque action Alpha créée et remise aux actionnaires de Bêta, une soulte de 2 €. Ainsi, il sera remis 4 actions Alpha pour 3 actions Bêta ($4 \times 150 = 3 \times 200 = 600$). Comme le capital de Bêta est composé de 15 000 actions dont 60 % appartiennent à Alpha, il ne sera créé que 15 000 × 40 % × 4 / 3 = 8 000 actions nouvelles Alpha. L'augmentation de capital sera de 8 000 × 100, soit 800 000 €, et la soulte remise aux actionnaires nouveaux de 8 000 × 2, soit 16 000 €. Cette soulte est inférieure à 10 % de l'augmentation de capital. ◂

LE + DE L'EXPERT

Les parités d'échange ne correspondent pas toujours à la valeur intrinsèque des titres. Elles peuvent être la combinaison de plusieurs valeurs.

3 Règles comptables applicables aux fusions et opérations assimilées

Mots-clés

Contrôle conjoint • Contrôle commun • Contrôle distinct • Contrôle exclusif • Évaluation des apports • Fusion à l'endroit • Fusion à l'envers • Valeur comptable • Valeur réelle

Selon le PCG (art. 743-1), les apports sont évalués à la valeur comptable ou à la valeur réelle, selon la situation de contrôle au moment de l'opération et le sens de l'opération.

1 Analyse de la situation de contrôle au moment de l'opération

Pour chaque opération (qui ne peut concerner que des personnes morales), il convient de déterminer s'il s'agit :

- d'opérations impliquant des sociétés sous contrôle commun, c'est-à-dire une des sociétés participant à l'opération contrôle préalablement l'autre ou les deux sociétés sont préalablement sous le contrôle d'une même société mère ;
- d'opérations impliquant des sociétés sous contrôle distinct, c'est-à-dire aucune des sociétés participant à l'opération ne contrôle préalablement l'autre ou ces sociétés ne sont pas préalablement sous le contrôle d'une même société mère.

Les notions de contrôle exclusif et de contrôle conjoint d'une société sont définies par le règlement relatif aux comptes consolidés (↪ fiche 24).

▸ Exemple

La société Alpha, société au capital de 8 000 actions, absorbe la société Bêta, société au capital de 5 000 actions. La société Alpha, avant la fusion, possède 3 000 actions de la société Bêta. Il s'agit de deux sociétés sous contrôle commun, puisque les actionnaires de la société Alpha contrôlent aussi la société Bêta, dont la société Alpha possède la majorité des actions.

La société Alpha absorbe la société Gamma, société au capital de 6 000 actions. La société Alpha, avant la fusion, possède 1 000 actions de la société Gamma. Il s'agit de deux sociétés sous contrôle distinct, puisque les actionnaires de la société Alpha ne contrôlent pas la société Gamma dont Alpha ne possède que 1 000 actions sur 6 000. ◂

2 Détermination du sens des opérations

- Dans une fusion à l'endroit, la cible est l'entité absorbée, l'initiatrice est l'entité absorbante ou l'une de ses filiales.
- Dans une fusion à l'envers, la cible est l'entité absorbante, l'initiatrice est l'entité absorbée ou sa société mère.

▸ Exemple

Reprenons les exemples présentés ci-dessus.

Dans le premier cas, il est remis 3 actions Alpha pour 2 actions Bêta. L'augmentation de capital d'Alpha sera de (5 000 – 3 000) × 3/2 = 3 000 actions. Les anciens actionnaires d'Alpha resteront majoritaires après la fusion puisqu'ils possèdent 8 000 actions sur 11 000. Il s'agit d'une fusion à l'endroit.

Dans le second cas, il sera remis 2 actions Alpha pour 1 action Gamma.

L'augmentation de capital d'Alpha est de (6 000 – 1 000) × 2, soit 10 000 actions. Les anciens actionnaires d'Alpha ne resteront pas majoritaires après la fusion puisqu'ils ne posséderont plus que 8 000 actions sur 18 000. Il s'agit d'une fusion à l'envers. ◂

3 Principe de détermination de la valeur d'apport

L'**évaluation des apports** s'effectue comme suit en fonction de la situation de l'entité absorbante ou de l'entité bénéficiaire des apports et de l'existence ou non d'un contrôle commun entre les entités participant à l'opération.

Principes de détermination de la valeur d'apport

Valorisation des apports et notion de contrôle	Valeur comptable	Valeur réelle
Opérations impliquant des entités sous contrôle commun		
• Opérations à l'endroit	X	
• Opérations à l'envers	X	
Opérations impliquant des entités sous contrôle distinct		
• Opérations à l'envers	X	
• Opérations à l'endroit		X

▸ **Exemple**

En reprenant les cas présentés dans les exemples ci-avant, il apparaît que la valeur d'apport de la société Bêta sera la valeur comptable puisqu'il s'agit d'une opération à l'endroit impliquant des entités sous contrôle commun. La valeur d'apport de la société Gamma sera également la valeur comptable puisqu'il s'agit d'une opération à l'envers impliquant des entités sous contrôle distinct. ◂

4 Rétroactivité des fusions et des opérations assimilées

Souvent les fusions, apports partiels d'actif et scissions (↪ fiche 10) sont réalisés à titre rétroactif. C'est à la date de l'effet rétroactif que doivent être évalués les apports (et non à la date de réalisation définitive de l'opération, qui correspond à l'assemblée générale extraordinaire des entités participant à l'opération).

Les opérations réciproques réalisées entre la société absorbée et la société absorbante durant la période intercalaire sont éliminées comptablement.

LE + DE L'EXPERT

Pour connaître la méthode de détermination de la valeur d'apport (valeur comptable, valeur réelle), il est important de bien analyser les critères de la fusion (contrôle commun, contrôle distinct, opération à l'endroit, opération à l'envers).

4 Comptabilisation des fusions aux valeurs réelles

Mots-clés

Contrôle distinct • Évaluation des apports • Prime de fusion • Prise de contrôle • Société absorbante • Société absorbée • Traité d'apport • Valeur réelle

L'évaluation des apports est faite à la valeur réelle lorsqu'il s'agit d'opérations à l'endroit impliquant des sociétés sous contrôle distinct (↪ fiche 3), c'est-à-dire lorsque la société absorbante n'a pas de participation ou simplement une participation minoritaire dans la société absorbée. Ces opérations sont considérées par le PCG (art. 743-1) comme des opérations de prise de contrôle.

1 Détermination des valeurs individuelles des apports

Lorsque les apports sont évalués à la valeur réelle, les valeurs individuelles des actifs et passifs apportés correspondent aux valeurs réelles attribuées à chacun des éléments figurant ou non à l'actif ou au passif inscrits dans le traité d'apport et inclus dans le projet de fusion, conformément à l'article R. 236 du Code de commerce.

▸ Exemple

Les marques ou les impôts différés actifs mais aussi les éléments du passif, comme les provisions pour retraite ou les impôts différés du bilan de l'absorbée ou de la société apporteuse à la date de l'opération, sont évalués à la valeur réelle mentionnée dans le traité. ◂

Les valeurs individuelles des apports s'apprécient en fonction du marché et de l'utilité du bien pour la société. Pour l'établissement de ces valeurs, la société utilise les techniques les mieux adaptées à la nature du bien (ex. : prix de marché, indices spécifiques, expertises indépendantes) :

- Des impôts différés devront être comptabilisés lors les opérations de fusion. Lorsque la fusion, sur le plan fiscal, sera faite selon le régime de faveur (↪ fiche 1), aucun impôt différé ne sera calculé sur les immobilisations non amortissables (la société absorbante devant par ailleurs réintégrer dans ses bénéfices imposables des exercices à venir les plus-values dégagées lors de l'apport des biens amortissables).
- La différence éventuelle entre la valeur globale des apports et la somme algébrique des valeurs réelles des actifs et passifs identifiés est également inscrite dans le traité d'apport ou un autre document faisant foi, sur une ligne « fonds commercial », reprise comme telle au bilan de la société bénéficiaire.

2 La prime de fusion

Définition

La prime de fusion est égale à la prime d'émission des nouveaux titres émis par la société absorbante.

Si la société absorbante possède une participation minoritaire dans la société absorbée, la plus-value sur les titres est un boni de fusion qui s'ajoute à la prime de fusion.

▸ **Exemple**

La société Alpha, société anonyme au capital de 1 000 000 € (actions de 100 €), vient d'absorber la société Bêta, société anonyme au capital de 600 000 € (actions de 100 €). Au moment de la fusion, le bilan de la société Bêta se présentait comme suit :

Bilan de la société Bêta au moment de la fusion (en €)

Terrains	200 000	Capital	600 000
Constructions	400 000	Réserves	300 000
Autres immobilisations corporelles	500 000	Résultat	50 000
Stocks	200 000	Provisions	50 000
Créances	500 000	Emprunts	500 000
Trésorerie	100 000	Autres dettes	400 000
Total	1 900 000	Total	1 900 000

Il sera remis quatre actions Alpha contre cinq actions Bêta.
Les actifs apportés par la société Bêta seront évalués comme suit :

- Terrains 225 000
- Constructions 460 000
- Autres immobilisations corporelles 560 000
- Stocks 220 000
- Les autres actifs et les passifs exigibles sont apportés à la valeur comptable.
- Les provisions sont justifiées.
- Le fonds commercial est évalué (par différence) à 120 000 €.
- Les impôts liés à l'opération de fusion sont évalués (taux de 25 % pris par mesure de simplification) à 35 000 € (sur constructions, autres immobilisations et stocks).

La valeur de d'apport de la société Bêta peut être estimée à : 225 000 + 460 000 + 560 000 + 220 000 + 500 000 + 100 000 – 50 000 – 500 000 – 400 000 – 35 000 + 120 000 = 1 200 000 €.
Comme le capital de la société Bêta est de 6 000 actions, la valeur de l'action Bêta au moment de la fusion est de 1 200 000 / 6 000 = 200 €.
Comme il sera remis 4 actions Alpha comme 5 actions Bêta, la valeur d'émission de l'action Alpha est de 200 × 5/4 = 250 €. Comme la valeur nominale de l'action Alpha est de 100 €, la prime d'émission par action nouvelle est de : 250 – 100 = 150 €.
Il sera créé 6 000 × 4/5 = 4 800 actions nouvelles.
Dans les livres de la société Alpha on passera les écritures suivantes :

		Date		
456		Société Bêta, compte d'apport	1 200 000	
	101	Capital social *100 × 4 800*		480 000
	1042	Prime de fusion *150 × 4 800*		720 000
		Absorption de la société Bêta		

207		Fonds commercial	120 000	
211		Terrains	225 000	
212		Constructions	460 000	
218		Autres immobilisations corporelles	560 000	
3.		Stocks	220 000	
4.		Créances	500 000	
5.		Trésorerie	100 000	
	155	Provisions pour impôt		35 000
	158	Autres provisions		50 000
	16	Emprunts		500 000
	4.	Autres dettes		400 000
	456	Société Bêta, compte d'apport		1 200 000
		Réalisation de l'apport		

3 Opérations réciproques

Les opérations réciproques (ex. : dettes et créances réciproques) entre l'absorbante et l'absorbée doivent être neutralisées.

Les effets à recevoir et les effets à payer s'éliminent réciproquement mais, lorsque l'effet à recevoir est remis à l'escompte, le concours bancaire consenti au groupe est substitué à l'effet à payer.

▸ Exemple

Au moment de la fusion, il est constaté que la société Alpha a vendu des produits à la société Bêta et que la créance concernant ces produits est de 50 000 € TTC. On passera l'écriture suivante à la suite des écritures de fusion :

		Date		
4.		Autres dettes	50 000	
	4.	Autres créances		50 000
		Dettes et créances réciproques		

4 Provisions réglementées

Conformément à l'article 210 A du CGI, la société absorbante doit reprendre à son passif :

- les provisions dont l'imposition est différée ;
- la réserve spéciale où la société absorbée a porté les plus-values à long terme soumises antérieurement au taux réduit ainsi que la réserve où les provisions pour fluctuation des cours ont été portées.

L'absorbante impute ces éléments sur la prime de fusion, laquelle doit être suffisante. À défaut, les provisions et réserves de plus-values à long terme sont immédiatement imposées.

L'article 212-9 du PCG précise que les frais de fusion (et de scission) peuvent certes être inscrits à l'actif comme frais d'établissement, mais que leur imputation sur les primes de fusion constitue la méthode de référence. Il n'est pas nécessaire de reprendre les amortissements dérogatoires ; ils seront déductibles extra-comptablement (BOI-IS-FUS-30-20-20 § 10).

▸ Exemple

La société Alpha a aussi absorbé la société Gamma. Au moment de la fusion, le bilan de la société Gamma présentait les comptes suivants :
- Provisions pour hausse de prix : 60 000 € ;
- Amortissements dérogatoires : 100 000 €.

On passera l'écriture suivante :

		Date		
1042		Prime de fusion	45 000	
155		Provisions pour impôts *60 000 × 25 %*	15 000	
	1431	Provisions pour hausse de prix		60 000
		Reprise des provisions réglementées		

Seules seront reprises (avec effet fiscal) les provisions pour hausse de prix, et non les amortissements dérogatoires. ◂

5 Écritures de liquidation et de partage à enregistrer chez l'absorbée

Les écritures de liquidation et de partage à enregistrer chez l'absorbée concernent :
- les cessions d'actifs ;
- la reprise des passifs ;
- la constatation de la valeur comptable des actifs cédés ;
- la reprise des stocks et créances ;
- la reprise des provisions réglementées ;
- la constatation de nouvelles provisions (notamment pour impôt) ;
- la centralisation des charges ;
- la centralisation des produits ;
- la répartition des capitaux propres revenant aux actionnaires ;
- la remise des actions nouvelles de la société absorbante aux actionnaires (↪ fiche 5).

LE + DE L'EXPERT

En cas d'évaluation des apports à la valeur réelle, la prime de fusion peut comprendre deux éléments : la prime d'émission sur les nouveaux titres et la plus-value sur les titres de participation que possédait éventuellement l'absorbante sur l'absorbée.

5 Comptabilisation des fusions aux valeurs comptables

Mots-clés

Apport • Prime de fusion • Régime fiscal de faveur • Société absorbante • Société absorbée • Valeur comptable

Les apports sont comptabilisés à la valeur comptable lorsqu'il s'agit :
- de fusions à l'endroit impliquant des sociétés sous contrôle commun ;
- de fusions à l'envers (qu'il s'agisse de sociétés sous contrôle distinct ou de sociétés sous contrôle commun).

Ces opérations sont considérées par le PCG comme des restructurations.

1 Forme de la comptabilisation aux valeurs comptables

Lorsque les apports sont évalués à la valeur comptable, les valeurs comptables individuelles des actifs et passifs apportés correspondent aux valeurs de chaque actif et passif figurant dans les comptes de la société absorbée à la date d'effet de l'opération.

Si l'ensemble de ces apports doit être transcrit en comptabilité sur la base de sa valeur comptable, cette valeur est admise du point de vue fiscal à la double condition que :
- les apports soient et demeurent soumis, au regard de l'IS, au régime de faveur prévu aux articles 210 A et 210 B du CGI ;
- la société absorbante, bénéficiaire des apports, reprenne à son bilan les écritures comptables de la société apporteuse (valeur d'origine, amortissements, dépréciations) et qu'elle continue de calculer les dotations aux amortissements à partir de la valeur d'origine qu'avaient les biens dans les écritures de la société apporteuse.

2 Problème posé par les actifs fictifs et les provisions réglementées

Comme les autres actifs et passifs, les actifs et passifs fictifs (ex. : frais d'établissement, écarts de conversion) ainsi que les provisions réglementées (ex. : provisions pour hausse de prix) doivent être repris.

3 Détermination de la prime de fusion

La prime de fusion sur les nouvelles actions émises doit être calculée à partir de la valeur comptable de la société absorbée ; elle n'est pas la différence entre la valeur du titre dans la société absorbante et la valeur nominale de ce titre.

4 Actif net comptable insuffisant

Lorsque les apports doivent être évalués à la valeur nette comptable mais que l'actif net comptable apporté à une société ayant une activité préexistante est insuffisant pour permettre la libération du capital, les valeurs réelles des éléments apportés sont retenues.

5 Reprise des provisions réglementées

Pour bénéficier du **régime fiscal de faveur**, la société absorbante doit reprendre à son passif les provisions dont l'imposition est différée.

▶ **Exemple**

Les sociétés Alpha, société anonyme au capital de 800 000 € (actions de 100 €) et Bêta, société anonyme au capital de 600 000 € (actions de 15 €), sont les filiales d'une même société, la société Lambda et sont donc sous contrôle commun. Il est envisagé la fusion de ces deux sociétés au 1er janvier N, la société Alpha absorbant la société Bêta. Pour les besoins de la fusion, les valeurs réelles des actions Alpha et Bêta ont été évaluées à 150 € et 30 €.

Bilan de la société Bêta au 31 décembre N–1 (en k€)

Actif	Brut	Amortissement et dépréciation	Net	Passif	Net
Frais d'établissement.	50	30	20	Capital	600
Terrains	200		200	Réserves	200
Constructions	500	200	300	Résultat	40
Autres immobilisations corporelles	800	300	500	Provisions pour hausse de prix	60
Stocks	150	10	140	Amortissements dérogatoires	120
Clients	180	20	160	Provisions	40
Autres créances	80		80	Emprunts	200
Liquidités	50		50	Autres dettes	180
Écart de conversion – Actif	20		20	Écart de conversion – Passif	30
Total			1 470	Total	1 470

Le titre Alpha ayant une valeur de 150 € et le titre Bêta de 30 €, il sera remis une action Alpha pour cinq actions Bêta. Comme le capital de Bêta est de 40 000 actions de 15 €, soit 600 000 €, il sera remis aux actionnaires de Bêta 40 000 / 5 = 8 000 actions Alpha.

L'augmentation de capital sera donc de 8 000 × 100 = 800 000 €.

Les capitaux propres de la société Bêta au moment de la fusion sont de 600 000 + 200 000 + 40 000 + 60 000 + 120 000 = 1 020 000 €, ce qui correspond à une valeur comptable de titre de 1 020 000 / 40 000 = 25,50 €. La valeur correspondante de l'action Alpha est de 25,50 × 5, soit 127,50 €.

La prime de fusion par action Alpha est donc de 127,50 – 100 = 27,50 €, soit au total 27,50 € × 8 000 = 220 000 €. La provision pour hausse de prix est imputée sur cette prime de fusion, soit 60 000 €. On passera les écritures suivantes dans la société Alpha :

Débit	Crédit	1.1.N	Débit	Crédit
456		Société Bêta, compte d'apport	1 020 000	
	101	Capital social		800 000
	1042	Prime de fusion		220 000
		Absorption société Bêta		

201		Frais d'établissement	50 000	
211		Terrains	200 000	
213		Constructions	500 000	
215		Autres immobilisations corporelles	800 000	
3.		Stocks	150 000	
41.		Clients	180 000	
4.		Autres créances	80 000	
5.		Liquidités	50 000	
476		Différence de conversion – Actif	20 000	
	15	Provisions		40 000
	16	Emprunts		200 000
	2801	Amortissements des frais d'établissement		30 000
	2813	Amortissements des constructions		200 000
	2815	Amortissements des autres immo. corp.		300 000
	39	Dépréciation des stocks		10 000
	49	Dépréciations des clients		20 000
	4.	Autres dettes		180 000
	477	Différence de conversion – Passif		30 000
	456	Société Bêta, compte d'apport		1 020 000
		Absorption société Bêta		
1042		Prime de fusion	60 000	
	1431	Provisions pour hausse de prix		60 000
		Reprise sur provisions dont l'imposition est différée		

6 Écritures de liquidation et de partage à enregistrer chez l'absorbée

Dans l'absorbée, les opérations de liquidation, puis les opérations de partage (↪ fiche 4) sont enregistrées.

▸ Exemple

Si l'on reprend les opérations de la fusion entre les sociétés Alpha et Bêta enregistrées ci-dessus et en considérant qu'il n'y a que des plus-values sur immobilisations lors de la détermination des valeurs d'échange des actions, on peut estimer les produits de cessions d'actif immobilisé à 30 × 40 000 (apport total) + 400 000 (dettes et provisions, hors provisions pertes de change) – 430 000 (stocks, créances et liquidités) = 1 170 000. D'où :

		1.1.N		
456		Société Alpha	1 600 000	
39.		Dépréciation des stocks	10 000	
491		Dépréciation des comptes clients	20 000	
	775	Produits des cessions d'actif		1 170 000
	3.	Stocks		150 000
	411	Clients		180 000
	4.	Autres créances		80 000
	5.	Liquidités		50 000
		Cession des actifs		

158		Autres provisions	40 000	
16.		Emprunts	200 000	
4.		Autres dettes	180 000	
	456	Société Alpha		400 000
	476	Différence de conversion – Actif		20 000
		Reprise des passifs		
675		Valeur comptable des éléments d'actif cédés	1 020 000	
2801		Amortissements des frais d'établissement	30 000	
2813		Amortissements des constructions	200 000	
2818		Amortissements des autres immobilisations corporelles	300 000	
	201	Frais d'établissement		50 000
	211	Terrains		200 000
	213	Constructions		500 000
	218	Autres immobilisations corporelles		800 000
		Valeur comptable des actifs cédés		
1431		Provisions pour hausse de prix	60 000	
145		Amortissements dérogatoires	120 000	
	787	Reprises sur provisions réglementées		180 000
		Reprises provisions réglementées		
121		Résultat de la fusion	1 020 000	
	675	Valeur comptable des éléments d'actif cédés		1 020 000
		Centralisation des charges		
775		Produits des cessions d'éléments d'actif	1 170 000	
787		Reprises sur provisions réglementées	180 000	
	121	Résultat de la fusion		1 350 000
		Centralisation des produits		
101		Capital social	600 000	
106		Réserves	200 000	
120		Résultat de l'exercice	40 000	
121		Résultat de la fusion *1 350 000 – 1 020 000*	330 000	
477		Différence de conversion – Passif	30 000	
	455	Actionnaires		1 200 000
		Actifs nets revenant aux actionnaires		
455		Autres actionnaires	1 200 000	
	456	Société Alpha *1 600 000 – 400 000*		1 200 000
		Remise d'actions Alpha autres aux actionnaires		

LE + DE L'EXPERT

En cas d'évaluation des apports à la valeur comptable, dans les écritures de réalisation de l'apport, amortissements et dépréciations doivent être repris à l'identique.

6 Participations de l'absorbante dans l'absorbée ou de l'absorbée dans l'absorbante

Mots-clés

Contrôle commun • Contrôle distinct • Fusion à l'endroit • Fusion à l'envers • Participation • Prime de fusion • Société absorbante • Société absorbée

Deux hypothèses peuvent être envisagées :

– soit la société absorbante possède une participation dans la société absorbée ;

– soit la société absorbée possède une participation dans la société absorbante.

Selon les cas présentés, il peut y avoir contrôle distinct, contrôle commun, fusion à l'endroit ou fusion à l'envers (↪ fiche 3).

1 La société absorbante possède une participation dans la société absorbée

Selon l'article L. 236-3 II 1° du Code de commerce, il n'est pas procédé à l'échange de parts ou d'actions de la société bénéficiaire contre des parts ou actions des sociétés qui disparaissent lorsque ces parts ou actions sont détenues par la société bénéficiaire ou par une personne agissant en son propre nom mais pour le compte de cette société. Dans ce cas, les titres ne sont attribués qu'aux autres actionnaires de la société absorbée.

▸ Exemple

La société Alpha, SA au capital de 2 000 000 € (actions de 100 €), a décidé d'absorber, avec effet au 1er juillet N, la société Bêta, société anonyme au capital de 1 000 000 € (actions de 100 €) qu'elle contrôlait précédemment et dont elle possédait à l'origine 55 % du capital. Les titres seront échangés sur la base de 3 actions Alpha pour 4 actions Bêta. ◂

Bilan de la société Bêta au 30 juin N (en k€)

Actif	Brut	Amortissement et dépréciation	Net	Passif	Net
Frais d'établissement	100	50	50	Capital	1 000
Terrains	300		300	Réserves	620
Constructions	3 500	2 200	1 300	Résultat	100
Autres immobilisations corporelles	2 800	1 300	1 500	Provisions pour hausse de prix	60
Stocks	1 400		1 400	Amortissements dérogatoires	120
Clients	1 000	50	950	Provisions	200
Autres créances	350		350	Emprunts	2 000
Liquidités	50		50	Autres dettes	1 800
Total			5 900	Total	5 900

Le capital de la société Alpha est composé de 2 000 000 / 100 = 20 000 actions et celui de la société Bêta de 1 000 000 / 100 = 10 000 actions.

55 % du capital de la société Bêta soit 5 500 actions sont la propriété de la société Alpha.

Pour rémunérer les apports de la société Bêta, la société Alpha devra émettre (10 000 – 5 500) × 3/4 = 3 375 actions.

Les apports de Bêta seront comptabilisés à la valeur comptable. En effet la fusion Alpha/Bêta est une fusion à l'endroit (l'initiatrice est la société Alpha et la cible la société Bêta) et les deux sociétés sont sous contrôle commun (la société Alpha est majoritaire en capital de la société Bêta). On passera les écritures suivantes :

		1.7.N		
456		Société Bêta, compte d'apport	1 900 000	
		1 000 000 + 620 000 + 100 000 + 60 000 + 120 000		
	101	Capital social *3 375 × 100*		337 500
	1042	Prime de fusion		1 012 500
	261	Titres de participation *5 500 × 100*		550 000
		Absorption société Bêta		
201		Frais d'établissement	100 000	
211		Terrains	300 000	
213		Constructions	3 500 000	
215		Autres immobilisations corporelles	2 800 000	
3.		Stocks	1 400 000	
41.		Clients	1 000 000	
4.		Autres créances	350 000	
5.		Liquidités	50 000	
	15	Provisions		200 000
	16	Emprunts		2 000 000
	2801	Amortissements des frais d'établissement		50 000
	2813	Amortissements des constructions		2 200 000
	2815	Amortissements des autres immo. corp.		1 300 000
	49	Dépréciations des clients		50 000
	4.	Autres dettes		1 800 000
	456	Société Bêta, compte d'apport		1 900 000
		Absorption société Bêta		
1042		Prime de fusion	60 000	
	1431	Provisions pour hausse de prix		60 000
		Reprise sur provisions dont l'imposition est différée		

2 La société absorbée possède une participation dans la société absorbante

Selon l'article L. 236-3 II 2° du Code de commerce, il n'est pas procédé à l'échange de parts ou d'actions de la société bénéficiaire contre des parts ou actions des sociétés qui disparaissent lorsque ces parts ou actions sont détenues par la société qui disparaît ou par une personne agissant en son nom propre mais pour le compte de cette société.

Dans ce cas, deux solutions sont envisageables :

- La société absorbante émet les titres nécessaires pour rémunérer les actionnaires de la société absorbée, puis elle procède à une diminution de capital correspondant à la part de la société absorbée dans la société absorbante.
- La société absorbante émet le nombre de titres correspondant à la différence entre les titres nécessaires pour rémunérer les actionnaires de la société absorbée et les titres équivalant à la part de la société absorbée dans la société absorbante.

▶ Exemple

Reprenons le cas de la société Alpha, société anonyme au capital de 2 000 000 € (actions de 100 €), qui a décidé également d'absorber, avec effet au 1er juillet N, la société Gamma, société anonyme au capital de 3 000 000 € (actions de 100 €), laquelle avait une participation de 20 % dans le capital de la société Alpha.
Les titres seront échangés sur la base de trois actions Alpha pour cinq actions Gamma.
Le bilan (simplifié) de la société Gamma préalablement à la fusion vous est fourni ci-dessous.

Bilan de la société Gamma au 30 juin N (en k€)

Actif	Brut	Amortissement et dépréciation	Net	Passif	Net
Concessions, brevets	500	300	200	Capital	3 000
Terrains	800		800	Réserves	1 200
Constructions	2 800	800	2 000	Résultat	400
Autres immobilisations corporelles	3 700	1 000	2 700	Amort. dérogatoires	600
Titres Alpha	1 000		1 000	Provisions	300
Stocks	2 000	100	1 900	Emprunts	2 500
Clients	1 800		1 800	Autres dettes	2 780
Autres créances	200		200	Différence de conversion – Passif	20
Liquidités	170		170		
Différence de conversion – Actif	30		30		
Total			10 800	Total	10 800

Le capital de la société Alpha est composé de 2 000 000 / 100 = 20 000 actions et celui de la société Gamma de 3 000 000 / 100 = 30 000 actions.
20 % du capital de la société Alpha, soit 4 000 actions sont la propriété de la société Gamma.
Pour rémunérer les apports de la société Gamma, la société Alpha devra émettre 30 000 × 3/5 = 18 000 actions. Mais, comme elle récupérera 4 000 actions que possédait la société Gamma, l'augmentation nette de capital pour rémunérer les apports de Gamma sera de 18 000 – 4 000 = 14 000 actions Alpha.

L'apport de la société Gamma sera comptabilisé à la valeur comptable. En effet, la fusion Alpha/Gamma peut être considérée comme une fusion à l'envers. Après la fusion, les actionnaires de Gamma qui vont recevoir au total 18 000 actions seront majoritaires dans la société Alpha, le capital de Alpha étant alors de 20 000 + 14 000 = 34 000 actions.
On présentera les écritures suivantes :

	1.7.N		
456	Société Gamma, compte d'apport *3 000 000 + 1 200 000 + 400 000 + 600 000 – 1 000 000 (valeur comptable des titres Alpha possédés)*	4 200 000	
101	Capital social *14 000 × 100*		1 400 000
1042	Prime de fusion		2 800 000
	Absorption société Gamma		
205	Concessions, brevets, licences, etc.	500 000	
211	Terrains	800 000	
213	Constructions	2 800 000	
215	Autres immobilisations corporelles	3 700 000	
3.	Stocks	2 000 000	
41.	Clients	1 800 000	
4.	Autres créances	200 000	
5.	Liquidités	170 000	
476	Différences de conversion – Actif	30 000	
15	Provisions		300 000
16	Emprunts		2 500 000
2805	Amortissements des concessions, brevets, licences, etc.		300 000
2813	Amortissements des constructions		800 000
2815	Amortissements des autres immobilisations corporelles		1 000 000
39	Dépréciation des stocks		100 000
4.	Autres dettes		2 780 000
477	Différence de conversion – Passif		20 000
456	Société Gamma, compte d'apport		4 200 000
	Absorption société Gamma		

LE + DE L'EXPERT

Lors d'une évaluation à la valeur comptable, lorsque l'entité absorbante possède des titres de l'entité absorbée, il est plus facile de calculer la **prime de fusion** par différence entre l'apport et la somme de l'augmentation de capital et de la valeur des titres annulés, qu'en additionnant la prime d'émission des nouveaux titres émis et la plus-value sur les titres de participation possédés non échangés.

7 Participations croisées et circulaires

Mots-clés

Participation circulaire • Participation croisée • Valeur comptable • Valeur réelle

1 Problématique posée par les participations croisées et circulaires

Au-delà d'un certain niveau, les participations réciproques entre deux sociétés sont interdites.

> **Code de commerce, art. L. 233-29.** « Une société par actions ne peut posséder d'actions d'une autre société, si celle-ci détient une fraction de son capital supérieure à 10 %. À défaut d'accord entre les sociétés intéressées pour régulariser la situation, celle qui détient la fraction la plus faible du capital de l'autre doit aliéner son investissement ».

Un des moyens utilisés pour ne pas avoir à appliquer ce texte est de mettre en place une participation circulaire, la société Alpha, par exemple, possédant une partie du capital de Bêta ; Bêta, une partie du capital de Gamma ; et Gamma, une partie du capital de Alpha. L'évaluation des titres de chacune des sociétés implique généralement la résolution d'un système algébrique comptant autant d'inconnues que de sociétés.

2 Évaluation des titres dans le cas d'une participation croisée

▸ Exemple

Prenons le cas de deux sociétés ayant mis en place une participation croisée. Le capital de Alpha est de 100 000 actions, celui de Bêta de 80 000 actions. Alpha possède une participation de 6 000 actions Bêta et Bêta, une participation de 8 000 actions Alpha.
Vous avez déterminé les actifs réels et passifs exigibles des deux sociétés (à l'exception des participations présentées ci-dessus).

Sociétés	Actif réel total	Passif exigible total
Alpha	10 000 000	2 600 000
Bêta	9 000 000	1 640 000

Soit a et b les valeurs des actions Alpha et Bêta, le système d'équations est le suivant :
Pour Alpha : $10\,000\,000 + 6\,000\,b = 100\,000\,a + 2\,600\,000$
Pour Bêta : $9\,000\,000 + 8\,000\,a = 80\,000\,b + 1\,640\,000$
La résolution de ce système donnera : $a = 80$; $b = 100$. ◂

3 Évaluation des titres dans le cas d'une participation circulaire

▸ Exemple

Prenons le cas de quatre sociétés ayant mis en place une participation circulaire. Le capital de la société Alpha est de 100 000 actions, celui de la société Bêta de 60 000 actions, celui de la société Gamma de 80 000 actions et celui de la société Delta de 50 000 actions.

Alpha possède une participation de 30 000 actions Bêta ; Bêta, 40 000 actions Gamma ; Gamma, 20 000 actions Delta ; et Delta, 10 000 actions Alpha.
Vous avez déterminé les actifs réels et passifs exigibles des quatre sociétés (à l'exception des participations présentées ci-dessus).
Ces valeurs vous sont données dans le tableau ci-dessous :

Sociétés	Actif réel total	Passif exigible total
Alpha	6 000 000	2 400 000
Bêta	1 800 000	1 000 000
Gamma	8 400 000	2 800 000
Delta	8 000 000	2 600 000

Si a, b, c, d sont les valeurs des actions Alpha, Bêta, Gamma, Delta, on peut poser le système d'équations suivant :
Pour Alpha : $6\,000\,000 + 30\,000\,b = 100\,000\,a + 2\,400\,000$
Pour Bêta : $1\,800\,000 + 40\,000\,c = 60\,000\,b + 1\,000\,000$
Pour Gamma : $8\,400\,000 + 20\,000\,d = 80\,000\,c + 2\,800\,000$
Pour Delta : $8\,000\,000 + 10\,000\,a = 50\,000\,d + 2\,600\,000$
La résolution de ce système donnera :
$a = 60$; $b = 80$; $c = 100$ et $d = 120$. ◂

4 Comptabilisation de participations croisées ou circulaires

Lors de la comptabilisation des opérations de fusion entre plusieurs sociétés présentant des **participations croisées** ou circulaires, il y a lieu de savoir si ces sociétés sont sous contrôle distinct ou sous contrôle commun (↪ fiche 2), s'il s'agit d'une fusion à l'endroit ou à l'envers (↪ fiche 3) et s'il faut évaluer les apports à la **valeur réelle** ou à la **valeur comptable** (↪ fiche 3).

▸ Exemple

Vous êtes appelé(e) à préparer la fusion au 1er janvier N de 3 sociétés, Alpha, Bêta et Gamma. Après la création des trois sociétés, la société Alpha a pris une participation de 60 % dans la société Bêta, laquelle a pris une participation de 10 % dans la société Gamma qui, elle, a pris une participation de 5 % dans la société Alpha. Les actions de chaque société ont une valeur nominale de 100 €. Vous trouverez en annexe les bilans des 3 sociétés, les valeurs réelles des éléments d'actif, les créances, liquidités et passifs exigibles étant repris à leur valeur comptable, et les valeurs d'échange entre les titres des 3 sociétés. Il sera tenu compte d'un impôt latent (ou différé) de 25 % sur la totalité des actifs réévalués (à l'exception des terrains et du fonds commercial).

Bilans au 31 décembre N–1

Éléments	Alpha	Bêta	Gamma
Frais d'établissement	60 000		30 000
Fonds commercial		80 000	
Terrains	400 000	240 000	300 000
Autres immo. corporelles	2 550 000	1 200 000	2 000 000
Titres de participation	300 000	160 000	150 000
Actif circulant	1 160 000	810 000	780 000
Total	**4 470 000**	**2 490 000**	**3 260 000**
Capital	1 000 000	500 000	800 000
Réserves	990 000	740 000	650 000
Résultat de l'exercice	140 000	110 000	160 000
Dettes	2 340 000	1 140 000	1 650 000
Total	**4 470 000**	**2 490 000**	**3 260 000**

Valeurs réelles de reprise des éléments d'actif

Éléments	Alpha	Bêta	Gamma
Fonds commercial	200 000	100 000	140 000
Terrains	460 000	300 000	360 000
Autres immo. corporelles	2 030 000	1 350 000	2 270 000

Valeur d'échange des titres

Sociétés	Alpha	Bêta	Gamma
Valeurs retenues	320 €	300 €	250 €

– Parités d'échange

Actions Alpha contre actions Bêta : 300 / 320 = 15 / 16

Actions Alpha contre actions Gamma : 250 / 320 = 25 / 32

– Titres émis

Apports de Bêta : 5 000 × 40 % × 15 / 16 =	1 875
Apports de Gamma : 8 000 × 90 % × 25 / 32 – 10 000 × 5 % =	5 125
	7 000

L'apport de la société Bêta sera effectué à la valeur comptable (Alpha et Bêta sont sous contrôle commun, puisque la société Alpha détient 60 % du capital de Bêta). L'apport de la société Gamma sera effectué à la valeur réelle, puisque la société Alpha et la société Gamma sont sous contrôle distinct (sauf si elles ont toutes deux un actionnaire majoritaire commun, ce qui n'est pas précisé dans l'énoncé) et que la fusion est considérée comme effectuée à l'endroit (la société initiatrice est la société Alpha et la société cible la société Gamma).

On passera alors les écritures suivantes dans la société Alpha :

		1.1.N		
456		Société Bêta, compte d'apport *500 000 + 740 000 + 110 000*	1 350 000	
	101	Capital social *1 875 × 100*		187 500
	1042	Prime de fusion		862 500
	261	Titres de participation Bêta		300 000
		Absorption de la société Bêta		
207		Fonds commercial	80 000	
211		Terrains	240 000	
218		Autres immobilisations corporelles	1 200 000	
261		Titres de participation Gamma	160 000	
3.		Actif circulant	810 000	
	4.	Dettes		1 140 000
	456	Société Bêta, compte d'apport		1 350 000
		Réalisation de l'apport		
456		Société Gamma, compte d'apport *8 000 × 250 – 500 × 320*	1 840 000	
	101	Capital social *5 125 × 100*		512 500
	1042	Prime de fusion *5 125 × (320 – 100) + (800 × 250 – 160 000)*		1 167 500
	261	Titres de participation Gamma		160 000
		Absorption de la société Gamma		
207		Fonds commercial	140 000	
211		Terrains	360 000	
218		Autres immobilisations corporelles	2 270 000	
3.		Actif circulant	780 000	
	155	Provisions pour impôt *[– 30 000 (frais) + 270 000 (autres immo.)] × 25 %*		60 000
	4.	Dettes		1 650 000
	456	Société Gamma, compte d'apport		1 840 000
		Réalisation de l'apport		

LE + DE L'EXPERT

La valeur intrinsèque (valeur réelle) d'un titre ne correspond pas nécessairement à sa valeur d'échange.

8 Boni et mali de fusion

Mots-clés

Boni de fusion • Mali de fusion • Mali technique

Lorsque la société absorbante a acquis des titres de la société absorbée antérieurement à la date de l'opération de fusion, un boni de fusion ou un mali de fusion peut apparaître lors de l'annulation de ces titres auxquels se substituent les actifs et passifs de la société absorbée.

1 Boni de fusion

Définition

Le boni de fusion représente l'écart positif entre l'actif net reçu par l'entité absorbante à hauteur de sa participation détenue dans l'entité absorbée, et la valeur comptable de cette participation.

Le boni de fusion est comptabilisé dans le résultat financier à hauteur de la quote-part des résultats accumulés par la société absorbée depuis l'acquisition et non distribués et en capitaux propres pour le montant résiduel ou si les résultats accumulés ne peuvent être déterminés de manière fiable.

- Boni de fusion = Actif net reçu par la société absorbante
  × Taux de participation
  – Valeur comptable de la participation
- Boni de fusion = Résultats accumulés par l'entité absorbée depuis l'acquisition
  × Taux de participation
  + Boni résiduel

▸ Exemple

La société Alpha avait, le 1er janvier N-5 pris une participation de 60 % du capital dans la société Bêta. Pour cela, elle avait fait l'acquisition de 60 000 actions Bêta pour une valeur de 12 000 000 €.

Lors de la fusion, le 1er janvier N, la situation nette comptable de Bêta est de 25 000 000 €, dont 1 000 000 € correspondant à des bénéfices réalisés depuis le 1er janvier N–5 et non distribués. Il sera remis aux actionnaires représentant 40 % du capital de Bêta (actionnaires autres que la société Alpha) 80 000 actions Alpha à la valeur nominale de 50 € dans les conditions suivantes :

- La valorisation des apports devant être faite à la valeur comptable (Alpha et Bêta étant sous contrôle commun), le prix d'émission des nouvelles actions Alpha est de 25 000 000 × 40 % / 80 000, soit 125 €. La prime d'émission sur les nouveaux titres émis est de 125 – 50, soit 75 €.
- L'actif net de la société absorbée reçu par la société absorbante à hauteur de sa participation est de 25 000 000 × 60 % = 15 000 000 €.

– Le boni de fusion est de 15 000 000 – 12 000 000 = 3 000 000 €.
– Si les résultats accumulés par la société absorbée et non distribués depuis l'acquisition ne peuvent être déterminés de manière fiable (ce qui n'est pas le cas ici), la totalité du boni de fusion serait comptabilisé en capitaux propres (dans la prime de fusion).
– La quote-part des résultats accumulés et non distribués par la société absorbée et revenant à la société absorbante est de 4 000 000 × 60 % = 2 400 000 €.
– Le boni de fusion sera comptabilisé en produits financiers pour 2 400 000 € et en capitaux propres pour le solde, soit 600 000 €.
– La prime de fusion se composera :
  • de la prime d'émission sur les titres émis : 80 000 × 75 = 6 000 000
  • du boni de fusion comptabilisé en capitaux propres : 600 000
  6 600 000

On passera l'écriture suivante :

	1.1.N		
456	Société Bêta, compte d'apport	25 000 000	
101	Capital social *80 000 × 50*		4 000 000
1042	Prime de fusion		6 600 000
261	Titres de participation Bêta		12 000 000
768	Autres produits financiers		2 400 000
	Absorption de la société Bêta		

2 Mali de fusion

Définition

Le **mali de fusion** représente l'écart négatif entre l'actif net reçu par l'entité absorbante à hauteur de sa participation détenue dans l'entité absorbée et la valeur comptable de cette participation.

Un mali de fusion se rencontre généralement lorsque, lors d'une fusion ou d'une TUP, les apports d'une entité absorbée sont comptabilisés à la valeur comptable et que la valeur nette des titres de l'entité absorbée figurant à l'actif de l'entité absorbante est supérieure à l'actif net comptable apporté :

- Lorsqu'une fusion a pour effet de transférer à l'entité absorbante ses propres titres, aucun mali de fusion n'est constaté sur l'annulation de ces derniers.
- En cas d'effet rétroactif de la fusion, le mali de fusion doit être calculé à la date d'effet rétroactif de la fusion. Ainsi, ni la perte intercalaire, ni les dividendes à verser ne sont pris en compte pour son évaluation.

▸ Exemple

La société Alpha possède 60 % des actions de la société Gamma, acquises pour 24 000 k€ en N–5. En N, la société Alpha absorbe la société Gamma dont l'actif net comptable est de 30 000 k€. Les apports seront comptabilisés à la valeur comptable, puisque les sociétés Alpha et Gamma sont sous contrôle commun (PCG, art. 743-1). L'actif net reçu par l'absorbante à hauteur de sa participation est de 30 000 × 60 % = 18 000 k€. Le mali de fusion sera de 24 000 – 18 000, soit 6 000 k€. ◂

A. Analyse du mali de fusion

Le mali de fusion peut être décomposé en deux éléments :

- Le **mali technique** proprement dit, qui correspond, à hauteur de la participation antérieurement détenue, aux plus-values latentes sur éléments d'actif comptabilisés ou non dans les comptes de l'absorbée (éléments d'actif identifiés hors fonds commercial, fonds commercial), déduction faite des passifs non comptabilisés dans les comptes de l'entité absorbée en l'absence d'obligation comptable (par exemple provisions pour retraites, impôts différés passifs). Les plus-values latentes sur éléments d'actif destinés à être revendus à brève échéance sont évaluées nettes d'impôts.
- Au-delà du mali technique, l'éventuelle dépréciation ou l'éventuel complément de dépréciation de la participation détenue dans l'entité absorbée, nécessaire au moment de la fusion. Cette dépréciation ou ce complément (appelé par certains auteurs « vrai mali ») doit être comptabilisé dans le résultat financier de l'entité absorbante de l'exercice au cours duquel l'opération est réalisée.

On a donc :

- Mali de fusion = Valeur comptable de la participation – Actif net reçu par la société absorbante × Taux de participation
- Mali technique = (Plus-values latentes sur éléments d'actif – Passifs non comptabilisés) × Taux de participation
- Résultat financier (complément de dépréciation) = Mali de fusion – Mali technique

B. Conditions du mali technique

On est en présence d'un mali technique lorsque trois conditions sont réunies.

Apports comptabilisés à la valeur nette comptable (VNC)

\+

Absorbante propriétaire d'une partie de l'absorbée

\+

Valeur des titres de l'absorbée possédés par l'absorbante > VNC de la quote-part des actifs diminués des passifs

▸ Exemple

La société Alpha avait, le 1er janvier N – 5, pris une participation de 60 % du capital dans Bêta. À cette fin, elle avait fait l'acquisition de 60 000 actions Bêta pour une valeur de 12 000 000 €. Au moment de la fusion, le 1er janvier N, la valeur nette comptable de Bêta est de 16 000 000 €. Il sera remis aux actionnaires représentant 40 % du capital de Bêta (actionnaires autres que la société Alpha) 80 000 actions Alpha à la valeur nominale de 50 €.

La valorisation des apports devant être faite à la valeur comptable (Alpha et Bêta étant sous contrôle commun), le prix d'émission des nouvelles actions Alpha est de 16 000 000 × 40 % / 80 000 = 80 €. La prime d'émission sur les nouveaux titres émis est de 80 – 50 = 30 €.

Toutefois, lors de l'évaluation des actifs et des passifs de la société Bêta (pour la détermination de la parité entre titres Alpha et titres Bêta), la valeur réelle de Bêta a été estimée à 19 000 000 €.

L'écart entre valeur comptable et valeur réelle (soit 3 000 000 €) s'explique notamment par les éléments suivants (en dehors d'une plus-value sur éléments non identifiés, fonds commercial créé par exemple) :

- plus-values sur brevets 400 000 €
- plus-values sur constructions 1 200 000 €
- provisions pour retraites non comptabilisées – 200 000 €
- Le mali de fusion sera de 12 000 000 – 16 000 000 × 60 % = 2 400 000 €
- Le mali technique est égal à 3 000 000 × 60 % = 1 800 000 €.
- Le complément de dépréciation de la participation dans la société absorbante peut être estimé à 2 400 000 – 1 800 000, soit 600 000 €

On passera alors l'écriture suivante :

		1.1.N		
456		Société Bêta, compte d'apport	16 000 000	
2.		Mali technique (poste à décomposer)	1 800 000	
668		Autres charges financières	600 000	
	101	Capital social *80 000 × 50*		4 000 000
	1042	Prime de fusion *80 000 × 30*		2 400 000
	261	Titres de participation Bêta		12 000 000
		Absorption de la société Bêta		

C. Affectation du mali technique et amortissement ou dépréciation de ses composants

La société absorbante procède à l'affectation du mali technique aux différents actifs apportés concernés et inscrits dans les comptes de l'absorbée. Le mali technique doit être ensuite amorti ou rapporté au résultat selon les mêmes règles et dans les mêmes conditions que les actifs sous-jacents auquel il est affecté.

▶ **Exemple**

En reprenant l'exemple précédent, il apparaît que le mali technique de 1 800 000 doit être réparti entre les actifs réévalués (brevets et constructions) et, en cas d'insuffisance, dans le poste « Fonds commercial » (↪ fiche 9). ◀

LE + DE L'EXPERT

Pour éviter la confusion entre mali de fusion et mali technique (qui peuvent parfois être semblables lorsqu'il n'y pas de complément de dépréciation), il convient de bien avoir à l'esprit les formules de calcul du mali de fusion et du mali technique.

- Mali de fusion = Valeur comptable de la participation – Actif net reçu par la société absorbante × Taux de participation
- Mali technique = (PV latentes sur éléments d'actif – Passifs non comptabilisés) × Taux de participation

9 Affectation du mali technique, amortissement et dépréciation

Mots-clés

Amortissement • Dépréciation • Mali technique

1 Affectation du mali technique

La société absorbante doit procéder à l'affectation du mali technique aux différents actifs apportés concernés et inscrits dans les comptes de l'absorbée, comme suit :

- Si le mali technique est supérieur à la somme des plus-values latentes, estimées de manière fiable, sur les éléments d'actif identifiés hors fonds commercial, il est affecté aux actifs apportés (dans des comptes spécifiques) et le montant résiduel au fonds commercial.
- Si le mali technique est inférieur à la somme des plus-values latentes, estimées de manière fiable, sur les éléments d'actif identifiés hors fonds commercial, il est affecté aux actifs apportés au prorata des plus-values latentes.

Les plus-values latentes retenues pour l'affectation du mali sont considérées, le cas échéant, nettes d'impôt si la cession des actifs est envisagée à brève échéance.

À la date de l'opération, l'entité absorbante comptabilise le mali technique dans un compte spécifique par catégorie d'actif concerné après son affectation : 2081 – Mali de fusion sur actifs incorporels ; 2187 – Mali de fusion sur actifs ; 278 – Mali de fusion sur actifs financiers ; 4 781 – Mali de fusion sur actif circulant.

A. Mali supérieur à la somme des plus-values latentes

▶ Exemple

Vous êtes appelé(e) à traiter les opérations de fusion d'absorption de la société Bêta par la société Alpha qui ont eu lieu le 1er janvier N. Alpha avait acquis en N–4 une participation de 70 % du capital de Bêta pour 203 000 k€.

L'absorption a été réalisée aux conditions suivantes :

– Alpha : valeur du titre : 240 € (valeur nominale 100 €).

– Bêta (au 1er janvier N) : valeur réelle : 280 000 k€ ; valeur comptable : 210 000 k€ ; valeur des éléments dont la valeur est différente de la valeur réelle au 1er janvier N (en k€) :

Éléments	Valeur comptable	Valeur réelle
Brevets	20 000	23 000
Terrains	70 000	77 000
Constructions	200 000	210 000
Matériels	50 000	60 000
Fonds commercial	0	60 000
Titres immobilisés	10 000	14 000
Stocks (appelés à être vendus)	40 000	48 000
Provision pour retraite	120 000	150 000

Il sera émis 280 000 000 × 30 % / 240 = 350 000 actions.
Les actions seront émises à 210 000 000 × 30 % / 350 000 = 180 €
On distingue un mali de fusion (↪ fiche 8) de 203 000 – 210 000 × 70 % = 56 000 k€
Ce mali de fusion peut être décomposé en deux éléments :

- Un **mali technique** (↪ fiche 8) égal à (280 000 – 210 000) × 70 % = **49 000 k€**, qui pourra être analysé comme suit :

– mali de fusion sur brevets : 23 000 – 20 000	3 000
– mali de fusion sur terrains : 77 000 – 70 000	7 000
– mali de fusion sur constructions : 210 000 – 200 000	10 000
– mali de fusion sur matériels : 60 000 – 50 000	10 000
– mali de fusion sur titres immobilisés : 14 000 – 10 000	4 000
– mali de fusion sur stocks : (48 000 – 40 000) × 75 % (stocks appelés à être vendus)	6 000
– mali de fusion sur fonds commercial (pour solde)	9 000
	49 000

Il est à noter que la provision pour retraite – qui est un passif – n'est pas prise en compte pour l'affectation du mali technique.

- Au-delà du mali technique, un **solde** qui peut être représentatif d'un complément de dépréciation de la participation détenue dans la société absorbée (↪ fiche 8) et qui sera de 56 000 – 49 000 = **7 000 k€**.

On passera l'écriture suivante dans la société Alpha (en k€) :

Débit	Crédit	1.1. N	Débit	Crédit
456		Société Bêta, compte d'apport	210 000	
2081		Mali de fusion sur actifs incorporels *3 000 + 9 000*	12 000	
2187		Mali de fusion sur actifs corporels *7 000 + 10 000 + 10 000*	27 000	
278		Mali de fusion sur actifs financiers	4 000	
4781		Mali de fusion sur actifs circulants	6 000	
668		Autres charges financières	7 000	
	101	Capital social *350 000 × 0,1*		35 000
	1042	Prime de fusion *350 000 × (0,18 – 0,1)*		28 000
	261	Titres de participation		203 000
		Absorption société Bêta		

B. Mali inférieur à la somme des plus-values latentes

▸Exemple

Vous êtes appelé(e) à traiter les opérations de fusion absorption de la société Gamma par la société Alpha qui ont eu lieu le 1er janvier N.
La société Alpha avait acquis en N–4 une participation de 60 % du capital de la société Gamma pour 102 000 €.
L'absorption a été réalisée aux conditions suivantes :

- Valeur du titre Alpha : 240 € (valeur nominale 100 €).
- Société Gamma :
  - valeur réelle au 1er janvier N : 180 000 k€ ; valeur comptable au 1er janvier N : 150 000 k€ ;
  - valeur des éléments dont la valeur est différente de la valeur réelle au 1er janvier N (en k€) :

Éléments	Valeur comptable	Valeur réelle
Terrains	50 000	55 000
Constructions	90 000	110 000
Fonds commercial	0	5 000

Il sera émis 180 000 000 × 40 % / 240 = 300 000 actions.
Les actions seront émises à 150 000 000 × 40 % / 300 000 = 200 €.
On distingue un mali de fusion (↳ fiche 8) de 102 000 – 150 000 × 60 % = 12 000 k€.
Le mali technique (↳ fiche 8) sera (180 000 – 150 000) × 60 % = 18 000 k€. Il sera comptabilisé pour 12 000 k€ et il n'y a aura pas de solde de mali.
Ce mali technique pourra être d'abord réparti comme suit :

– mali de fusion sur terrain : 55 000 – 50 000	5 000
– mali de fusion sur construction : 110 000 – 90 000	20 000
	25 000

Comme le total trouvé est supérieur à 12 000 k€, il aura lieu de l'affecter au prorata des plus-values latentes.
On aura donc la répartition suivante

– mali de fusion sur terrain : 5 000 × 12 000 / 25 000 =	2 400
– mali de fusion sur construction 20 000 × 12 000 / 25 000 =	9 600
	12 000

On passera l'écriture suivante dans les comptes de la société Alpha (en k€) :

		1.1. N		
456		Société Gamma, compte d'apport	150 000	
2187		Mali de fusion sur actifs corporels *2 400 + 9 600*	12 000	
	101	Capital social *300 000 × 0,1*		30 000
	1042	Prime de fusion *300 000 × (0,2 – 0,1)*		30 000
	261	Titres de participation		102 000
		Absorption société Gamma		

2 Amortissement et dépréciation du mali technique

Le mali technique doit faire l'objet d'un **amortissement** ou être rapporté au résultat selon les mêmes règles et dans les mêmes conditions que les actifs sous-jacents auquel il est affecté.

La quote-part de mali affectée à des actifs amortissables est amortissable sur la durée d'utilisation résiduelle des actifs. Chaque quote-part du mali affecté à un actif sous-jacent subit une **dépréciation** lorsque la valeur actuelle de l'actif sous-jacent devient inférieure à sa valeur nette comptable, majorée de la quote-part de mali affectée. La dépréciation est imputée en priorité sur la quote-part du mali technique.

Le mali technique affecté au fonds commercial suit les règles de dépréciation applicables aux fonds commerciaux. Aucune reprise de dépréciation n'est possible.

L'inscription à l'actif du mali technique, son amortissement et sa dépréciation ne sont pas déductibles fiscalement.

▶ Exemple

Reprenons le cas de la fusion de la société Gamma avec la société Alpha ci-dessus.
Les constructions prises en compte ont une durée de vie résiduelle de 20 ans.
Au 31 décembre N, ces valeurs sont devenues les suivantes (en k€) :

	Valeur comptable	Valeur réelle
Terrains	50 000	54 000
Constructions	85 000	82 000
Fonds commercial	0	10 000

La valeur réelle ou actuelle correspond à la valeur la plus élevée de la valeur vénale ou de la valeur d'usage (PCG, art. 214-6 al. 3). Au 31 décembre N, on pourra établir le tableau suivant.

Éléments	Valeurs comptables	Affectation du mali	Amortissement du mali	Total	Valeurs réelles	Dépréciation élément	Dépréciation du mali
Terrains	50 000	2 400		52 400	54 000	0	0
Constructions	85 000	9 600	480	94 120	82 000	3 000	9 120
Fonds commercial	0	0		0	10 000		
Total	**135 000**	**12 000**	**480**	**146 520**	**146 000**	**3 000**	**9 120**

On constate un amortissement du mali (sur la construction) de 9 600 / 20 = 480 k€. On constatera également une dépréciation de 3 000 + 9 120 = 12 120 k€. Celle-ci s'imputera d'abord sur le mali de la construction (après amortissement) soit 9 600 – 480 = 9 120 k€ et sur la construction proprement dite soit 85 000 – 82 000, soit 3 000 k€.
On passera l'écriture suivante :

		31.12.N		
6811		Dotations aux amortissements des immobilisations corporelles et incorporelles	480	
6816		Dotations aux dépréciations des immobilisations incorporelles et corporelles	12 120	
	28187	Amortissements du mali de fusion sur actifs corporels		480
	2913	Dépréciation des constructions		3 000
	29187	Dépréciation du mali du fusion sur immo. corp.		9 120
		Amortissements et dépréciations		

LE ✚ DE L'EXPERT

Notez que le mali technique ne peut être affecté qu'aux différents actifs apportés, hors fonds commercial, inscrits dans les comptes de la société absorbée. Les passifs déduits ne doivent jamais être pris en compte dans l'affectation.

10 Scissions et apports partiels d'actif

Mots-clés

Apport partiel d'actif • Scission • Valeur comptable • Valeur réelle

1 Scissions

Définition

Une scission est une opération dans laquelle le patrimoine d'une société est transmis, soit à deux ou plusieurs sociétés existantes, soit à deux ou plusieurs sociétés nouvelles.

A. Aspects juridiques

La scission doit être décidée par l'assemblée générale de chacune des sociétés qui participent à l'opération. La nomination d'un ou plusieurs commissaires à la fusion chargés d'établir, sous leur responsabilité, un rapport sur les modalités de la scission est obligatoire. Il doit être établi un projet de scission présenté conformément à l'article R. 231-6 du Code de commerce (↳ fiche 1).

B. Aspects fiscaux

L'article 210 B du CGI précise que les dispositions de l'article 210 A (↳ fiche 1) s'appliquent à la scission de société comportant au moins deux branches complètes d'activités lorsque chacune des sociétés bénéficiaires des apports reçoit une ou plusieurs de ces branches.

C. Aspects comptables

Comptabilisation dans la société scindée

Les traitements comptables constatent l'apport du patrimoine de la société scindée à une ou plusieurs sociétés existantes ou nouvelles.

Comptabilisation dans les sociétés bénéficiaires

Les écritures sont identiques à celles enregistrées lors d'une fusion dans les comptes d'une société absorbante. Les écritures sont les mêmes dans chacune des sociétés bénéficiaires.

Les apports sont évalués à la valeur comptable ou à la valeur réelle, selon la situation de contrôle au moment de l'opération et le sens de l'opération (entités sous contrôle commun ou sous contrôle distinct, opérations à l'endroit ou à l'envers) (↳ fiche 3).

▸ **Exemple**

La société Bêta est une filiale de la société Alpha qui possède 60 % de son capital (600 000 actions acquises pour 90 000 000 €). Elle est organisée en deux branches d'activité autonomes « Électricité » et « Électronique ». Il est envisagé une scission, avec effet au 1er janvier N, de Bêta avec un apport de la branche « Électricité » à Alpha, un apport de la branche « Électronique » à une société existante indépendante, Gamma.

La valeur d'échange des actions Alpha est fixée à 260 € (nominal 100 €) et celle des actions Gamma à 150 € (nominal 100 €).

Bilan de la société Bêta au 31 décembre N–1 (en k€)

Actif immobilisé	260 000	Capital *1 000 000 actions*	100 000
Actif circulant	140 000	Réserves et résultat	140 000
		Dettes	160 000
Total	400 000	Total	400 000

Analyse de l'apport de la branche « Électricité » (en k€)

Éléments	Valeurs comptables	Valeurs réelles
Terrains	26 000	42 000
Autres immobilisations corporelles	70 000	89 000
Actif circulant	40 000	45 000
Dettes	– 40 000	– 40 000
Total	96 000	136 000

Analyse de l'apport de la branche « Électronique » (en k€)

Éléments	Valeurs comptables	Valeurs réelles
Terrains	34 000	88 000
Autres immobilisations corporelles	130 000	183 000
Actif circulant	100 000	103 000
Dettes	– 120 000	– 120 000
Total	144 000	254 000

En tenant compte d'un impôt latent sur les plus-values dégagées sur les immobilisations corporelles amortissables et sur l'actif circulant, la valeur réelle des apports serait de :

- Apports branche « Électricité » : 136 000 – [(89 000 – 70 000) + (45 000 – 40 000)] × 25 % = 130 000 k€.
- Apports branche « Électronique » : 254 000 – [(183 000 – 130 000) + (103 000 – 100 000)] × 25 = 240 000 k€.

On peut en déduire le nombre de titres émis :

- Apports branche « Électricité » : comme la société Alpha détient 60 % du capital, il ne sera donc créé de titres Alpha que pour rémunérer les autres 40 % des propriétaires du capital de Bêta. On émettra donc 130 000 000 × 40 % / 260 = 200 000 actions Alpha.
- Apports branche « Électronique » : on émettra 240 000 000 / 150 = 1 600 000 actions Gamma dont 60 % seront remis à Alpha en remplacement des titres Bêta.

Société Alpha

L'apport d'actif de Bêta à Alpha sera effectué à la valeur comptable puisque toutes deux sont sous contrôle commun. La valeur comptable de chacune des actions Bêta est de (100 000 000 + 140 000 000) / 1 000 000 = 240 €.

L'apport de Bêta correspond à 96 000 000 / 240 = 400 000 actions (dont 60 % soit 240 000 possédés par Alpha, acquises au prix de 90 000 000 / 600 000 = 150 €).
Comme il est émis 200 000 titres nouveaux pour remplacer 40 % de 400 000 soit 160 000 existants, la valeur comptable correspondante pour les titres Alpha est de 240 × 160 000 / 200 000 = 192 €. La prime de fusion sera de :

– prime d'émission sur les nouveaux titres : 200 000 × (192 – 100) =	18 400 000
– boni de fusion sur anciens titres : 240 000 × (240 – 150) =	21 600 000
	40 000 000

On passera l'écriture suivante :

		1.1.N		
456		Société Bêta, compte d'apport	96 000 000	
	101	Capital social *200 000 × 100*		20 000 000
	1042	Prime de fusion		40 000 000
	261	Titres de participation *240 000 × 150*		36 000 000
		Apport partiel branche « Électricité »		

Société Bêta

Les écritures enregistrées seront des écritures de cession des actifs puis de partage. Ils seront effectués aux valeurs réelles, seules valeurs valables pour déterminer les droits de chacun.
On passera les écritures suivantes (en passant directement par un compte de résultat de scission) :

		1.1.N		
456		Société Alpha	130 000 000	
4.		Dettes	120 000 000	
	2.	Actif immobilisé *26 000 000 + 70 000 000*		96 000 000
	3./4/5.	Actif circulant		40 000 000
	121	Résultat de la scission		34 000 000
		136 000 – 96 000 – 6 000 k€ (impôts sur plus-values)		
		Cession branche « Électricité »		
456		Société Gamma	240 000 000	
4.		Dettes	120 000 000	
	2.	Actif immobilisé *34 000 000 + 130 000 000*		164 000 000
	3./4./5.	Actif circulant		100 000 000
	121	Résultat de la scission		96 000 000
		254 000 – 144 000 – 14 000 k€ (impôts sur plus-values)		
		Cession branche « Électronique »		
101		Capital social	100 000 000	
110		Réserves et résultat	140 000 000	
121		Résultat de la scission *34 000 000 + 96 000 000*	130 000 000	
	456	Société Alpha *370 000 000 × 60 %*		222 000 000
	456	Autres actionnaires		148 000 000
		Répartition capitaux propres		

456		Société Alpha *144 000 000 + 78 000 000*	222 000 000	
456		Autres actionnaires	148 000 000	
	456	Société Alpha		130 000 000
	456	Société Gamma		240 000 000
		Attribution des titres et solde des comptes		

Société Gamma

Les sociétés Bêta et Gamma étant sous contrôle distinct, les apports seront comptabilisés à la valeur réelle. On passera l'écriture suivante :

		1.1.N		
456		Société Bêta, compte d'apport	240 000 000	
	101	Capital social 1 600 *000 × 100*		160 000 000
	1042	Prime de fusion 1 600 *000 × (150 – 100)*		80 000 000
		Apport partiel branche « Électronique »		

2 Apports partiels d'actif

Définition

Un **apport partiel d'actif** (↳ fiche 1) est l'opération par laquelle une société fait apport à une autre société (nouvelle ou déjà créée) d'une partie de ses éléments d'actif et reçoit, en échange, des titres émis par la société bénéficiaire des apports.

A. Aspects juridiques

L'apport partiel d'actif est un cas particulier de scission, dans lequel la société apporteuse continue d'exister (alors que, en présence d'une scission, la société scindée est liquidée).

Les apports d'actif ne constituant pas une branche autonome d'activité sont traités comme des acquisitions et des cessions ordinaires (d'immobilisations, de stocks, etc.).

B. Aspects comptables

Comptabilisation dans la société apporteuse

Les traitements comptables constatent l'apport d'une partie de l'actif à une ou plusieurs sociétés existantes ou nouvelles.

Comptabilisation dans la société bénéficiaire des apports

Les écritures sont identiques à celles qui sont enregistrées au moment de la fusion dans les comptes de la société absorbante. L'opération est assimilée à une augmentation de capital assortie d'une réalisation des apports en nature.

LE + DE L'EXPERT

Scissions et apports partiels d'actif obéissent aux règles juridiques, fiscales et comptables des fusions (avec quelques particularités).

11 Présentation de la normalisation comptable internationale

Mots-clés

Interprétation • Normes IFRS

1 IASC, IASB, IAS, IFRS

L'IASC (International Accounting Standard Committee), créé en 1973 et remplacé en 2001 par l'IASB (International Accounting Standard Board), est une organisation internationale qui s'est chargée de mettre en forme des standards comptables de base qui seraient acceptés dans le monde entier. Ces standards furent appelées IAS (*International accounting standard* ou « normes comptables internationales ») jusqu'en 2001, puis IFRS (*International financial reporting standard* ou « normes internationales d'information financière »).

2 Structure opérationnelle de l'IASB

La structure de l'IASB comprend six organismes principaux : la fondation IFRS (IFRS Foundation), le conseil de surveillance de la fondation (le *Monitory Board*), l'organisme central assurant la normalisation comptable (l'IASB), le comité d'interprétation (IFRS Interpretations Committee), et deux comités consultatifs (IFRS Advisory Council et Accounting Standards Advisory Forum).

L'IASB est l'organe central de l'organisation. Son conseil (*Board*) est composé de 14 membres permanents aux origines géographiques diverses, choisis pour leur expérience en matière de normalisation.

Structure opérationnelle de l'IASB

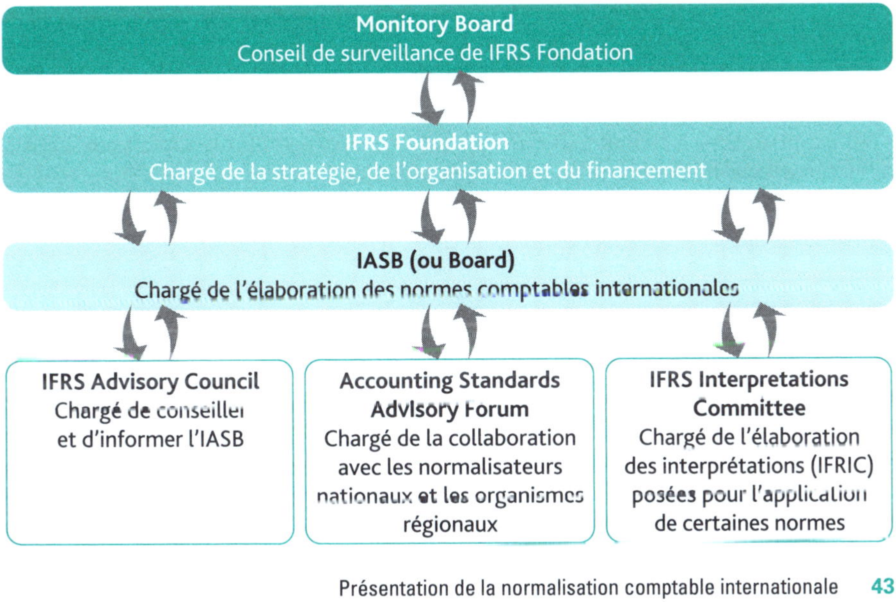

3 Application européenne des IFRS

En 2002, l'Union européenne (UE) a publié un règlement applicable à compter du 1er janvier 2005, obligeant les sociétés cotées sur un marché réglementé à utiliser le référentiel IFRS (ainsi que les interprétations s'y rapportant) pour l'établissement de leurs comptes consolidés.

Deux textes régissent aujourd'hui l'application des IFRS dans l'UE :

- le règlement européen CE 1606/2002 du 19 juillet 2002 sur l'application des normes comptables internationales ;
- le règlement européen CE 1126/2008 du 3 novembre 2008 portant adoption des normes comptables internationales (règlement modifié depuis de nombreuses fois par l'adoption de nouvelles normes ou interprétations) qui se compose des normes et interprétations applicables.

Pour que les normes et interprétations soient applicables, la norme ou l'interprétation adoptée par l'IASB doit d'abord faire l'objet d'un examen technique par l'EFRAG (European Financial Reporting Advisory Group) puis être approuvée par l'ARC (Accounting Regulation Committee), puis par la Commission européenne. Enfin, la norme et l'interprétation font l'objet d'une publication au *Journal officiel de l'Union européenne*.

4 Normes IFRS et interprétations

À ce jour, il existe 42 normes IAS et IFRS applicables et 20 interprétations.

Définition

Les **interprétations** sont des recommandations préparées par l'IFRIC et adoptées par l'IASB sur des questions comptables susceptibles de faire l'objet de traitements divergents ou inacceptables en l'absence d'instructions figurant dans les normes proprement dites.

Les **normes IFRS** s'appliquent tant aux états financiers individuels et consolidés à vocation générale de toutes les entités à but lucratif, quels que soient leur secteur d'activité et leur forme, qu'à toute information publiée par ces entités. Mais ces normes IFRS peuvent aussi s'appliquer aux entités à but non lucratif et aux entreprises gouvernementales commerciales à chaque fois que cela est jugé approprié (notamment par le biais des *International Public Sector Accounting Standards* ou IPSAS).

Les normes IFRS sont bâties sur des principes, à la différence, par exemple, des normes américaines (les US GAAP) bâties sur des règles précises à respecter.

Liste des normes de l'IASB au 30 juin 2022

N° norme	Objet de la norme
IAS 1	Présentation des états financiers
IAS 2	Stocks
IAS 7	États des flux de trésorerie
IAS 8	Méthodes comptables, changements d'estimation et erreurs
IAS 10	Événements survenant après la date de clôture
IAS 12	Impôts sur le résultat
IAS 16	Immobilisations corporelles
IAS 19	Avantages du personnel
IAS 20	Comptabilisation des subventions publiques et les informations à fournir sur l'aide publique
IAS 21	Effets des variations des cours des monnaies étrangères
IAS 23	Coûts d'emprunt
IAS 24	Information relative aux parties liées
IAS 26	Comptabilité et rapports financiers des régimes de retraite
IAS 27	États financiers individuels
IAS 28	Participations dans les entreprises associées et les coentreprises
IAS 29	Information financière dans les économies hyper inflationnistes
IAS 32	Instruments financiers : présentation
IAS 33	Résultat par action
IAS 34	Information financière intermédiaire
IAS 36	Dépréciation d'actifs
IAS 37	Provisions, passifs éventuels et actifs éventuels
IAS 38	Immobilisations incorporelles
IAS 39	Instruments financiers : comptabilisation et évaluation (uniquement pour la macro-couverture et pour les entreprises d'assurances avant la mise en application d'IFRS 17)
IAS 40	Immeubles de placement
IAS 41	Agriculture
IFRS 1	Première adoption des normes internationales d'information financière
IFRS 2	Paiement fondé sur des actions
IFRS 3	Regroupements d'entreprises
IFRS 4	Contrats d'assurance
IFRS 5	Actifs non courants détenus en vue de la vente et activités abandonnées
IFRS 6	Prospection et évaluation des ressources minérales

N° norme	Objet de la norme
IFRS 7	Instruments financiers : informations à fournir
IFRS 8	Secteurs opérationnels
IFRS 9	Instruments financiers
IFRS 10	États financiers consolidés
IFRS 11	Partenariats
IFRS 12	Informations à fournir sur les intérêts détenus par d'autres entités
IFRS 13	Évaluation à la juste valeur
IFRS 14	Comptes de report réglementaires (non applicable dans l'Union européenne)
IFRS 15	Produits des activités ordinaires tirés de contrats conclus avec des clients
IFRS 16	Contrats de location
IFRS 17	Contrats d'assurance (applicable à compter de 2023 en remplacement de l'IFRS 4)
IFRS / PME	Norme internationale d'informations financières pour les petites et moyennes entités

LE + DE L'EXPERT

Les normes applicables aux comptes consolidés des entités admises aux négociations sur un marché réglementé sont les normes IFRS et les interprétations adoptées conformément au règlement européen du 19 juillet 2002 sur l'application des normes comptables internationales.

12 Principes généraux et cadre conceptuel

Mots-clés

Actif • Cadre conceptuel • Capitaux propres • Charge • Comptabilisation • Décomptabilisation • Entité comptable • Juste valeur • Méthode comptable • Passif • Produit • Valeur d'utilité • Valeur de remboursement

1 Principes fondamentaux applicables aux IFRS

Les principes comptables applicables aux IFRS sont formulés par le cadre conceptuel de l'IASB. Ce cadre, publié en 1989, amendé en 2010 et révisé totalement en 2018, est placé en introduction à l'ensemble des normes dont il est la « philosophie ». Il a été complété par certaines dispositions d'IAS 1, d'IAS 8 et d'IFRS 13.

2 Objectif de l'information financière

L'information financière à usage général a pour objectif de fournir, au sujet de l'entité qui la présente, des informations utiles aux investisseurs en capitaux propres, aux prêteurs et aux autres créanciers actuels et potentiels aux fins de leur prise de décisions en tant que fournisseurs de ressources de l'entité.

3 Caractéristiques qualitatives essentielles

A. Pertinence

L'information financière est pertinente si elle est susceptible d'influencer les décisions prises par des utilisateurs.

B. Fidélité

L'information financière donne une image fidèle quand elle dépeint un phénomène économique de façon exhaustive, neutre et exempte d'erreurs significatives :

- La neutralité s'appuie sur la prudence, qui consiste à faire usage de circonspection dans l'exercice du jugement en situation d'incertitude.
- L'information financière, qui présente fidèlement un phénomène économique, dépeint la substance économique de la transaction, de l'événement ou des circonstances sous-jacents, laquelle ne correspond pas toujours à sa forme juridique.

4 Caractéristiques qualitatives auxiliaires

A. Comparabilité

La comparabilité est la qualité de l'information qui permet aux utilisateurs de relever les similitudes et les différences de deux séries de phénomènes économiques.

B. Vérifiabilité

La vérifiabilité est la qualité de l'information qui aide à fournir aux utilisateurs l'assurance que l'information donne une image fidèle des phénomènes économiques qu'elle prétend représenter.

C. Rapidité

La rapidité est la qualité qui répond au besoin de rendre l'information accessible aux décideurs avant qu'elle perde sa capacité d'influencer leurs décisions.

D. Compréhensibilité

La compréhensibilité est la qualité de l'information qui permet aux utilisateurs d'en comprendre la signification. Elle se trouve accrue lorsque l'information est classée, définie et présentée de façon claire et concise.

5 Concepts d'entité comptable et d'états financiers

Définition

Une **entité comptable** est une entité qui, par choix ou par obligation, prépare des états financiers à usage général.

Les états financiers fournissent de l'information au sujet des actifs, passifs, capitaux propres, produits et charges qui sont issus de l'ensemble d'activités économiques contenu dans le périmètre de l'entité comptable.

6 Éléments des états financiers

A. Actif et passif

Définitions

- Un **actif** est une ressource économique actuelle que l'entité contrôle du fait d'événements passés.
- Un **passif** est une obligation actuelle qu'a l'entité de céder une ressource économique du fait d'événements passés.

Une ressource économique est un droit ayant le potentiel de produire des avantages économiques.

B. Capitaux propres

Définition

Les **capitaux propres** sont des intérêts résiduels dans le patrimoine de l'entité (c'est-à-dire son actif, déduction faite de son passif).

C. Charges et produits

Définitions

- Les **charges** sont des diminutions d'actif et des accroissements de passif qui se soldent par des diminutions de capitaux propres autres que celles se rattachant aux distributions aux titulaires de droits patrimoniaux.
- Les **produits** sont l'inverse des charges.

7 Comptabilisation et décomptabilisation

Définitions

- La **comptabilisation** consiste à enregistrer, pour l'inclure dans l'état de la situation financière ou dans l'état ou les états de la performance financière, un élément qui répond à la définition d'une composante des états financiers.
- La **décomptabilisation** est la suppression totale ou partielle d'un actif ou d'un passif antérieurement comptabilisé de l'état de la situation financière d'une entité.

8 Systèmes de mesure

Le cadre conceptuel distingue de coût historique et la valeur actuelle.

A. Coût historique

Les évaluations au coût historique fournissent de l'information monétaire sur les actifs, les passifs, les produits et les charges au moyen de données issues de la transaction ou de l'événement dont ils résultent.

B. Valeur actuelle

Les évaluations à la valeur actuelle fournissent de l'information exprimée en monnaie sur les actifs, les passifs, les produits et les charges, mise à jour afin de refléter les conditions à la date d'évaluation. On distingue la juste valeur et les valeurs d'utilité et de remboursement.

Définition

La **juste valeur** est, d'après l'IFRS 13, le prix qui serait perçu à l'occasion de la vente d'un actif ou qui serait payé pour transférer une dette, dans le cadre d'une opération conclue à des conditions normales, entre des intervenants de marché, à la date d'évaluation.

La juste valeur est la traduction de l'expression anglo-saxonne *fair value* (valeur sincère ou loyale). Si la valeur de marché peut être retenue comme juste valeur, en cas d'absence de marchés organisés, la détermination de la juste valeur peut faire appel à des techniques spécifiques (actualisation des flux de trésorerie attendus par exemple ou modèles financiers).

L'IFRS 13 présente une hiérarchie en trois niveaux de l'évaluation à la juste valeur :

Niveaux des données d'entrée

Données d'entrée de niveau 1	Prix cotés (non ajustés) sur des marchés actifs pour des actifs ou des passifs identiques.
Données d'entrée de niveau 2	Données d'entrée concernant l'actif ou le passif, autres que les prix cotés, inclus dans les données d'entrée de niveau 1, qui sont observables soit directement soit indirectement (déterminées à partir de prix constatés sur des produits similaires, par exemple évaluation d'un bâtiment à partir de la valeur au m² de bâtiments semblables).

Données d'entrée de niveau 3	• Données d'entrée concernant l'actif ou le passif qui ne sont pas fondées sur des données de marché observables (données d'entrée non observables). • Dans ce cas, il doit être fait appel à un modèle d'évaluation prenant en compte notamment le risque qu'accepte de courir le vendeur sur ce type de marché (ex. : évaluation d'une obligation à partir des flux de trésorerie espérés et tenant compte d'un taux d'actualisation).

Définitions

- La **valeur d'utilité** est la valeur actualisée des flux de trésorerie que l'entité attend de l'utilisation continue d'un actif et de sa sortie à la fin de sa durée d'utilité.
- La **valeur de remboursement** est la valeur actualisée des flux de trésorerie que l'entité prévoit de consacrer à l'acquittement d'un passif.

9 Caractéristiques traitées par les normes IAS 8 et IAS 1

L'IAS 8 définit les **méthodes comptables** comme les principes, bases, conventions, règles et pratiques spécifiques appliqués par une entité lors de l'établissement et de la présentation de ses états financiers. Sont aussi traités par la norme IAS 1 « Présentation des états financiers » un certain nombre de concepts et principes.

Principales exigences de la norme IAS 1

- Objectif : image fidèle
- Base : la continuité d'exploitation (sauf si liquidation de l'entité ou cessation de son activité)
- Méthode : comptabilité d'engagement (sauf informations relatives aux flux de trésorerie)
- Continuité de la présentation/classification des postes d'une période à l'autre (sauf norme contraire ou impérieuse : nécessité à justifier)
- Présentation séparée de chaque catégorie significative d'éléments similaires et des éléments de nature ou de fonction dissemblables (sauf non-significativité)
- Non-compensation des actifs, passifs, produits et charges (sauf obligation/autorisation par une norme ou une interprétation)
- Présence d'informations comparatives (période précédente) pour tous les montants (sauf disposition contraire)

LE + DE L'EXPERT

La connaissance du cadre conceptuel de l'IASB (qui n'est pas une norme et qui n'est donc pas repris dans les règlements de l'Union européenne) est fondamentale pour comprendre les principes applicables aux normes comptables internationales.

13 États financiers

Mots-clés

État de situation financière • État des variations des capitaux propres • État du résultat net et des autres éléments du résultat global • Note annexe • Tableau de flux de trésorerie

1 Règles générales de présentation des états financiers

Norme IAS 1. « Présentation des états financiers » (§ 10)

Un jeu complet d'états financiers comprend :

a) un état de situation financière à la fin de la période ;

b) un état du résultat net et des autres éléments du résultat global de la période ;

c) un état des variations de capitaux propres de la période ;

d) un tableau (ou état) de flux de trésorerie de la période ;

e) des notes contenant des informations significatives sur les méthodes comptables et les autres informations explicatives [...].

Une entité peut utiliser des titres d'états autres que ceux indiqués dans la norme.

▸ Exemple

L'entité peut remplacer le titre état de la situation financière à la fin de la période par bilan. ◂

Le jeu d'états financiers peut s'appliquer aux comptes individuels des entités ou aux comptes consolidés.

Il n'existe pas en normes IFRS de formes normalisées (mais simplement des modèles présentés par les utilisateurs) d'état de situation financière (bilan), d'état de résultat net et des autres éléments du résultat global, d'état des variations de capitaux propres et de tableau de flux de trésorerie.

Les normes ne donnent que la liste des informations à présenter dans ces états financiers.

2 État de situation financière

L'état de situation financière distingue à l'actif les actifs non courants et les actifs courants et au passif les passifs non courants et les passifs courants.

Modèle de bilan ou état de situation financière (actif)

	N	N–1
Actifs non courants		
Immobilisations corporelles		
Goodwill		
Autres immobilisations incorporelles		
Participations dans les entreprises associées et coentreprises (mise en équivalence)		
Instruments financiers immobilisés		
Total		

	N	N-1
Actifs courants		
Stocks		
Actifs courants biologiques (agriculture)		
Créances clients		
Autres actifs courants		
Trésorerie et équivalents		
Total		
Actifs classés en actifs non courants destinés à être cédés		
Total		

Modèle de bilan ou état de situation financière (capitaux propres et passif)

	N	N-1
Capitaux propres attribuables aux actionnaires de la société mère		
Capital émis		
Autres réserves		
Bénéfices non distribués		
Montants comptabilisés directement en capitaux propres		
Total		
Capitaux propres attribuables aux participations ne donnant pas le contrôle		
Total capitaux propres		
Passifs non courants		
Emprunts à long terme		
Impôts différés		
Provisions à long terme		
Total		
Passifs courants		
Fournisseurs et autres créditeurs		
Emprunts à court terme		
Partie courante des emprunts à long terme		
Impôts exigibles		
Provisions à court terme		
Total		
Passifs directement associés à des actifs classés en actifs non courants destinés à être cédés		
Total passifs		
Total		

3 État du résultat net et des autres éléments du résultat global

L'entité peut présenter dans un seul état, mais dans deux sections séparées, le résultat net et les autres éléments du résultat global. Ces sections doivent se suivre, la section « résultat net » précédant immédiatement la section « autres éléments du résultat global ». L'entité peut aussi présenter la section résultat net dans un état du résultat net séparé.

L'état de résultat net présente ses charges et produits par nature (comme dans le PCG) ou par fonction.

Modèle d'état du résultat net (charges par fonction)

	N	N–1
Activités maintenues		
Produits des activités ordinaires		
Coût des ventes		
Marge brute		
Autres produits		
Coûts commerciaux		
Charges administratives		
Autres charges		
Charges financières		
Quote-part dans le résultat net des entités associées et coentreprises		
Résultat avant impôt		
Charge d'impôt sur le résultat		
Résultat de l'exercice relatif aux activités maintenues		
Activités abandonnées		
Résultat de l'exercice des activités abandonnées (1)		
Résultat de l'exercice		
Attribuable à : Actionnaires de la société mère Intérêts minoritaires		
Résultat de base par action		
Résultat dilué par action		
(1) L'analyse sera donnée dans les notes annexes.		

Modèle d'état des autres éléments du résultat global (distinct de l'état du résultat net)

	N	N–1
Résultat de l'exercice		
Profits sur réévaluations des immobilisations		
Instruments financiers : gains ou pertes portés en capitaux propres		
Différences de change liées aux conversions		
Autres (à détailler)		
Impôts sur les éléments portés ou transférés en capitaux propres		
Total autres éléments du résultat global		
Résultat global		
Attribuable à : Actionnaires de la société mère Intérêts minoritaires		

4 État des variations de capitaux propres

L'**état des variations des capitaux propres** est un état financier qui présente, pour une période, en les analysant par rubriques de capitaux propres de l'état de situation financière, le résultat de l'entité, les éléments de produits et de charges comptabilisés directement en capitaux propres, les effets des changements de méthodes comptables ainsi que les corrections d'erreurs et les montants de transactions avec les porteurs de capitaux propres.

Modèle d'état des variations de capitaux propres (↪ fiche 40)

5 Tableau de flux de trésorerie

Le **tableau de flux de trésorerie** est un état qui distingue :
- les flux de trésorerie provenant des activités opérationnelles, lesquels peuvent être déterminés selon la méthode indirecte (à partir du résultat net avant impôt) ou par la méthode directe (selon leur origine ou leur destination, encaissements d'une part et paiements d'autre part) ;
- les flux de trésorerie provenant des activités d'investissement ;
- les flux de trésorerie provenant des activités de financement.

La variation nette de trésorerie est ensuite rapprochée de la situation de trésorerie à l'ouverture de l'exercice et à la clôture de l'exercice.

Modèle de tableau de flux de trésorerie (méthode indirecte) (↪ fiche 40)

6 Notes annexes

Les **notes annexes** doivent :
- présenter des informations sur la base d'établissement des états financiers et sur les méthodes comptables spécifiques utilisées ;
- indiquer les informations imposées par les IFRS qui ne sont pas présentées par ailleurs dans les états financiers ;
- fournir des informations supplémentaires qui ne sont pas présentées par ailleurs dans les états financiers mais qui sont pertinentes pour les comprendre.

LE + DE L'EXPERT

Les états financiers présentés dans les normes comptables internationales ne sont pas identiques à ceux présentés par le PCG (bilan, compte de résultat, annexe). Ils sont plus nombreux et structurés différemment.

14 Immobilisations corporelles, incorporelles, immeubles de placement

Mots-clés

Actif qualifié • *Goodwill* • Immeuble de placement • Immobilisation corporelle • Immobilisation incorporelle • Juste valeur

Les règles de comptabilité relatives aux immobilisations selon les IFRS sont comprises dans les normes IAS 16 « Immobilisations corporelles », IAS 38, « Immobilisations incorporelles » et IAS 40 « Immeubles de placement ».

1 Immobilisations corporelles

Définition

Une immobilisation corporelle est un actif corporel détenu par une entité pour être utilisé dans la production ou la fourniture de biens ou de services, ou pour être loué à des tiers ou à des fins administratives ; et dont on s'attend à ce qu'il soit utilisé sur plus d'une période.

A. Comptabilisation d'une immobilisation corporelle

Le coût d'une immobilisation corporelle doit être comptabilisé en tant qu'actif s'il est probable que les avantages économiques futurs associés à cet élément iront à l'entité et que le coût de cet actif peut être évalué de façon fiable.

B. Évaluation lors de la comptabilisation initiale

Une immobilisation corporelle qui remplit les conditions de comptabilisation en tant qu'actif doit être évaluée à son coût. Ce coût comprend les éléments suivants :

Prix d'achat, y compris droits de douane et taxes non remboursables, après déduction des remises et rabais commerciaux.
+ Tout coût directement attribuable au transfert de l'actif jusqu'à son lieu d'exploitation et à sa mise en état pour permettre son exploitation de la manière prévue par la direction.
+ Coûts d'emprunts directement attribuables dans le cas d'un actif qualifié (actif qui exige une longue période de préparation avant de pouvoir être utilisé ou vendu).
+ Estimation initiale des coûts relatifs au démantèlement et à l'enlèvement de l'immobilisation et à la remise en état du site sur lequel elle est située.

▶ Exemple

La société Alpha réalise l'acquisition au 1er avril N d'un ensemble immobilier à rénover et effectue les dépenses suivantes :

– Prix d'achat du terrain	400 000 €
– Prix d'achat de la construction	1 600 000 €
– Droits d'enregistrement et honoraires (dont TVA 8 000 €)	148 000 €
– Grosses réparations et frais d'architecte (dont TVA 100 000 €)	600 000 €

– Charges financières exposées pour l'acquisition du terrain et de la construction (période allant de la signature de l'acte à la mise en service) 40 000 €

Par ailleurs, la société Alpha prévoit la remise en état du site en N+30 sur lequel est bâti la construction et a provisionné (↳ fiche 19) pour cela une dépense dont le montant actualisé est estimé à 200 000 €.

Les charges financières doivent être imputées à l'immobilisation car l'ensemble immobilier exige une longue période de préparation avant d'être utilisé (actif dit qualifié par IAS 23).

Seront comptabilisés les actifs suivants :

- Terrains (pour le prix d'achat, les frais d'acquisition et la quote-part de charges financières) : 400 000 + (140 000 + 40 000) × 400 000 / (400 000 + 1 600 000) = 436 000 €
- Terrains (sous compte particulier) pour les coûts de restauration du site, ceux-ci étant amortissables sur la durée d'utilisation = 200 000 €
- Constructions (pour le prix d'achat, les frais d'acquisition, la quote-part de charges financières, les grosses réparations et frais d'architecte, lesquels sont nécessaires avant la mise en état d'utilisation du bien) :
  1 600 000 + (140 000 + 40 000) × 400 000 / (400 000 + 1 600 000) + 500 000 = 2 244 000 €
  On passera l'écriture récapitulative suivante :

1.4.N		
Terrains	436 000	
Terrains – Coûts de restauration du site	200 000	
Constructions	2 244 000	
État, TVA déductible	108 000	
Divers comptes crédités		2 988 000
Acquisition et remise en état d'un ensemble immobilier		

C. Évaluations postérieures

L'entité doit choisir entre le modèle du coût et le modèle de la réévaluation.

Modèle du coût

La comptabilisation est effectuée au coût diminué du cumul des amortissements et du cumul des pertes de valeur

Modèle de la réévaluation

La comptabilisation est effectuée à la **juste valeur** à la date de réévaluation (écart de réévaluation constaté en capitaux propres), diminuée du cumul des amortissements ultérieurs et des pertes de valeurs ultérieures.

D. Amortissements

Chaque partie d'une immobilisation corporelle ayant un coût significatif par rapport au coût total de l'élément (composant) doit être amortie séparément :

- Le montant amortissable est le coût d'un actif, ou tout autre montant substitué au coût, diminué de sa valeur résiduelle.
- Le montant amortissable d'un actif doit être réparti systématiquement sur sa durée d'utilité.
- Le mode d'amortissement utilisé doit refléter le rythme selon lequel l'entité s'attend à consommer les avantages économiques futurs liés à l'actif.

E. Dépréciation

La perte de valeur d'un actif, sauf *goodwill*, est reprise uniquement en cas de changement d'estimation (↪ fiche 16).

2 Immobilisations incorporelles

Définitions

- Les **immobilisations incorporelles** sont des actifs non monétaires identifiables sans substance physique. Un actif est identifiable lorsqu'il est séparable et qu'il résulte de droits contractuels ou d'autres droits légaux.
- Le *goodwill* est un actif incorporel représentant les avantages économiques futurs générés par des actifs acquis dans un regroupement d'entreprises qui ne peuvent être individuellement identifiés et comptabilisés séparément (↪ fiche 36).

A. Comptabilisation initiale et évaluation

Principe

Une immobilisation incorporelle doit être comptabilisée si, et seulement si, il est probable que les avantages économiques futurs attribuables à l'actif iront à l'entité et que le coût de cet actif peut être évalué de façon fiable.

Acquisition séparée

Le coût d'une immobilisation incorporelle comprend son prix d'achat, y compris les droits de douane et les taxes non remboursables, après déduction des remises et rabais commerciaux, augmenté de tout coût, y compris les coûts d'emprunt, directement attribuable à la préparation de l'actif en vue de son utilisation prévue.

Immobilisations générées en interne

Les dépenses pour la recherche (ou pour la phase de recherche d'un projet interne) doivent être comptabilisées en charges lorsqu'elles sont encourues.

Une immobilisation incorporelle résultant du développement (ou de la phase de développement d'un projet interne) doit être comptabilisée si et seulement si l'entité peut démontrer :

- la faisabilité technique nécessaire à l'achèvement de l'immobilisation incorporelle en vue de sa mise en service ou de sa vente ;
- son intention d'achever l'immobilisation incorporelle et de l'utiliser ou de la vendre ;
- sa capacité à mettre en service ou à vendre l'immobilisation incorporelle ;
- la façon dont l'immobilisation incorporelle générera des avantages économiques futurs probables ;
- la disponibilité de ressources techniques, financières et autres, appropriées pour achever le développement et utiliser ou vendre l'immobilisation incorporelle ;
- sa capacité à évaluer de façon fiable les dépenses attribuables à l'immobilisation incorporelle au cours de son développement.

▶ Exemple

La société Alpha effectue des travaux de recherche et de développement dans les matériaux composites. Au cours de l'année N, elle a effectué les dépenses suivantes qu'elle a comptabilisées en charges :

- travaux de recherche appliquée relatives aux composites : 80 000 € ;
- travaux de développement de nouvelles hélices d'hélicoptères : 160 000 €.

Si les dépenses liées aux travaux de recherche appliquée doivent être laissées en charges, les dépenses relatives aux travaux de développement de nouvelles hélices d'hélicoptères, si les conditions présentées ci-dessus sont réunies, doivent être immobilisées. Elles pourront être ensuite amorties sur un nombre fini d'années. La contrepartie de la valeur immobilisée sera constatée dans un compte de « Production immobilisée ». ◀

B. Évaluation postérieure à la comptabilisation initiale

Postérieurement à la comptabilisation initiale, l'entité peut choisir soit le modèle du coût, soit le modèle de la réévaluation.

C. Durée d'utilité, amortissement et perte de valeur

Une entité doit apprécier si la durée d'utilité est finie ou indéterminée.
Le montant amortissable d'une immobilisation incorporelle à durée d'utilité finie doit être réparti systématiquement sur sa durée d'utilité.
Une immobilisation incorporelle à durée d'utilité indéterminée ne doit pas être amortie, elle peut être dépréciée conformément à IAS 36 (↳ fiche 16).

3 Immeubles de placement

Définition

Un **immeuble de placement** est un bien immobilier (terrain ou bâtiment, ou partie d'un bâtiment, ou les deux) détenu (par le propriétaire ou par le preneur dans le cadre d'un contrat de location) pour en retirer des loyers ou pour valoriser le capital ou les deux, plutôt que pour l'utiliser dans la production ou la fourniture de biens ou de services ou à des fins administratives, ou le vendre dans le cadre de l'activité ordinaire.

Un immeuble de placement doit être évalué initialement à son coût. Les coûts de transaction doivent être inclus dans l'évaluation initiale.

Postérieurement, l'entité doit choisir comme méthode comptable :

- soit le modèle de la juste valeur ;
- soit le modèle du coût et doit appliquer cette méthode à tous ses immeubles de placement.

LE ✚ DE L'EXPERT

La notion de composant appliquée par la norme IAS 16 « Immobilisations corporelles » a été transposée dans les textes nationaux par le règlement 2004-06 du Comité de la réglementation comptable relatif à la définition, la comptabilisation et l'évaluation des actifs. Toutefois, sur certains points, la transposition n'est pas totale et des divergences continuent d'exister (provisions pour gros entretien ou grandes révisions, par exemple).

15 Contrats de location

Mots-clés

Contrat de location • Contrat de location-financement • Contrat de location simple • Taux implicite

Les règles de comptabilité relatives aux contrats de location selon les IFRS sont comprises dans la norme IFRS 16 « Contrats de location ».

1 Définition

Définition

Le contrat de location est un contrat, ou une partie d'un contrat, qui confère le droit d'utiliser un actif (l'actif sous-jacent) pour une période de temps en échange d'une contrepartie.

2 Comptabilisation chez le preneur

À la date de mise à disposition du bien par le bailleur, le preneur comptabilise un contrat de location à son actif (en immobilisation selon la nature de l'actif loué et une ligne séparée des actifs détenus en propre) le droit d'utiliser le bien loué (droit d'utilisation) et à son passif (en dettes, séparément des autres dettes financières) une obligation d'effectuer des paiements locatifs (dette de loyers).

Ultérieurement, il comptabilise en résultat :
- la charge financière provenant de la dette de loyers ;
- l'amortissement du droit d'utilisation ;
- les éventuelles modifications de la dette de loyer, lorsqu'elles proviennent de réestimation des loyers conditionnels, des indemnités pour rupture anticipée ou des garanties de valeur résiduelle ;
- la dépréciation éventuelle du droit d'utilisation de l'actif loué.

Pour les contrats de location à court terme ou portant sur des biens de faible valeur, les paiements au titre de contrats de location doivent être constatés en charges pendant toute la durée du contrat.

▸ **Exemple**

La société Alpha a fait l'acquisition le 1er janvier N d'un matériel industriel par crédit-bail d'une durée de 8 ans auprès de la société Bêta. La redevance (semestrielle) est de 10 000 € payables les 1er janvier et 1er juillet. L'option de rachat à la fin du contrat de crédit-bail est fixée à 5 275 €. La juste valeur du matériel était le 1er janvier N–2 de 122 000 €, auxquels il faut ajouter 2 000 € de frais de contrat, d'une durée de vie de 10 ans (sans valeur résiduelle finale).

Il y a lieu d'abord de déterminer le taux implicite (↪ fiche 29) du contrat de contrat de crédit bail. On appelle, selon IFRS 16, taux implicite du contrat de location le taux d'intérêt qui permet d'égaliser la valeur actualisée des paiements de loyers et de la valeur résiduelle non garantie égale à la somme de la juste valeur de l'actif sous-jacent et des coûts directs initiaux du bailleur.

On écrira :

$$122\,000 + 2\,000 = 10\,000 \times \frac{1-(1+i)^{-16}}{i} \times (1+i) + 5\,275 \times (1+i)^{-16}$$

On trouvera un taux implicite semestriel de 4 %.
L'obligation d'effectuer des paiements locatifs peut être évalué au début du contrat à 122 000 + 2 000 = 124 000 €, juste valeur du bien et valeur estimée de l'emprunt qu'il aurait fallu faire si le bien avait été acquis en toute propriété.Le tableau d'amortissement de l'emprunt lié au crédit-bail se présenterait comme suit (pour la première année) :

	Reste à rembourser	Intérêts 4 %	Remboursement effectué	Montant du paiement
1.1.N	124 000	–	10 000	10 000
1.7.N	114 000	4 560	5 440	10 000
1.1.N+1	108 560	4 342	5 658	10 000

On passera les écritures suivantes :

	Compte	Débit	Crédit
	1.1.N		
	Droit d'utilisation d'un matériel en location	124 000	
	Obligation d'effectuer des paiements locatifs		124 000
	Acquisition en crédit-bail d'un matériel		
	Obligation d'effectuer des paiements locatifs	10 000	
	Banque		10 000
	Première échéance semestrielle		
	1.7.N		
	Charges d'intérêts	4 560	
	Obligation d'effectuer des paiements locatifs	5 440	
	Banque		10 000
	Seconde échéance semestrielle		
	31.12.N		
	Charges d'intérêts	4 342	
	Intérêts courus		4 342
	Intérêts courus au 31 décembre		
	Dotations aux amortissements des immobilisations	12 400	
	Amortissement du droit d'utilisation matériel industriel		12 400
	124 000 × 10 %		

À noter que les intérêts courus du 1er juillet au 31 décembre ne seront payés que le 1er janvier (à terme échu). ◂

3 Comptabilisation chez le bailleur

Il existe deux types de contrat à comptabiliser, selon l'IFRS 16 :
- le contrat de location-financement ;
- le contrat de location simple.

Définitions

- Un **contrat de location-financement** est un contrat de location ayant pour effet de transférer au preneur la quasi-totalité des risques et des avantages inhérents à la propriété d'un actif sous-jacent.
- Un **contrat de location simple** est, un contrat de location qui ne transfère pas au preneur la quasi-totalité des risques et des avantages inhérents à la propriété de l'actif sous-jacent.

A. Comptabilisation d'un contrat de location-financement

Le bailleur doit présenter, dans son bilan, les actifs détenus en vertu d'un contrat de location-financement comme des créances pour un montant égal à l'investissement net dans le contrat de location.

Dans un contrat de location-financement, comme le bailleur transfère la quasi-totalité des risques et des avantages inhérents à la propriété légale, il comptabilise en conséquence le paiement à recevoir au titre de la location en remboursement du principal et en produits financiers pour se rembourser et se rémunérer de son investissement et de ses services.

▸ Exemple

Reprenons le cas présenté ci-dessus dans la comptabilité du preneur. Puisqu'il s'agit d'un contrat de crédit-bail, on peut considérer que les caractéristiques du contrat de location-financement sont réunies pour le transfert de la quasi-totalité des risques et des avantages au preneur (comme s'il en était propriétaire).
Le bailleur passerait les écritures suivantes :

	Débit	Crédit
1.1.N		
Prêt de location-financement	124 000	
Ventes de produits (ou Produits des cessions d'éléments d'actif)		124 000
Cession en crédit-bail d'un matériel		
Banque	10 000	
Prêt de location financement		10 000
Première échéance semestrielle		
1.7.N		
Banque	10 000	
Prêt de location-financement		4 560
Revenus des prêts		5 440
Seconde échéance semestrielle		

31.12.N		
Intérêts courus sur prêts	4 342	
Revenus des prêts		4 342
Intérêts courus au 31 décembre		

B. Comptabilisation d'un contrat de location simple

Les actifs faisant l'objet de contrats de location simple doivent être présentés au bilan du bailleur selon la nature de l'actif. Les revenus locatifs provenant des contrats de location simple doivent être comptabilisés en produits de façon linéaire sur toute la durée du contrat de location.

Les actifs loués doivent être amortis sur une base cohérente avec la politique normalement suivie par le bailleur pour l'amortissement d'actifs similaires.

▶ Exemple

La société Alpha (le bailleur) a conclu le 1er janvier N avec la société Bêta (le preneur) un bail de location de bureaux dans une tour de La Défense. Le loyer sera de 20 000 € hors taxes par trimestre (payable d'avance). Le bail a été conclu pour 9 ans. Les bureaux loués avaient été acquis par la société Alpha pour 1 600 000 € en N–4. Son amortissement est prévu en 50 ans (valeur résiduelle 600 000 €).
On a affaire ici à un contrat de location simple, celui-ci ne transférant pas au preneur la quasi-totalité des risques et des avantages inhérents à la propriété de l'actif sous-jacent.
Dans l'année N, on passera les écritures suivantes :

1/1/N		
Banque	24 000	
Prestations de services		20 000
État, TVA collectée		4 000
Location simple		

On passera la même écriture le 1er avril N, le 1er juillet N et le 1er octobre N.

31.12.N		
Dotations aux amortissements des immobilisations	20 000	
Amortissements des constructions		20 000
(1 600 000 – 600 000)/50		

LE + DE L'EXPERT

Chez le preneur, à l'exception des contrats de faible durée ou portant sur des éléments de faible valeur, il n'existe, depuis l'IFRS 16, qu'un seul modèle de comptabilisation. Pour le bailleur, la distinction entre contrat de location simple et contrat de location-financement existant avant l'IFRS 16 reste applicable.

16 Dépréciations d'actifs

Mots-clés

Dépréciation • Flux de trésorerie • Perte de valeur • Unité génératrice de trésorerie • Valeur d'utilité • Valeur recouvrable

Les dépréciations d'actifs sont traitées par la norme IAS 36 « Dépréciation d'actifs ». Cette norme s'applique à tous les actifs à l'exception notamment des stocks (IAS 2), des actifs d'impôts différés (IAS 12), des actifs résultant d'avantages du personnel (IAS 19, ↳ fiche 19) et des actifs financiers compris dans le champ d'application de IFRS 9 (↳ fiche 18).

1 Valeur d'un actif

La norme IAS 36 présente un certain nombre de concepts liées à la valeur d'un actif.

Définitions

- La valeur comptable est le montant pour lequel un actif est comptabilisé au bilan, après déduction du cumul des amortissements et du cumul des pertes de valeur y afférents.
- L'amortissement est la répartition systématique du montant amortissable d'un actif sur sa durée d'utilité.
- La valeur recouvrable est la plus élevée entre sa juste valeur diminuée des coûts de la vente et sa valeur d'utilité.
- La valeur d'utilité est la valeur actualisée des flux de trésorerie futurs susceptibles de découler d'un actif.
- La perte de valeur est le montant par lequel la valeur comptable d'un actif excède sa valeur recouvrable.

2 Identification d'un actif qui a pu perdre de la valeur et comptabilisation

Une entité doit apprécier à chaque date de clôture s'il existe un quelconque indice qu'un actif puisse avoir subi une perte de valeur. Si un tel indice existe, l'entité doit estimer la valeur recouvrable de l'actif. La perte de valeur doit être immédiatement comptabilisée en résultat, sauf si l'actif est comptabilisé pour un montant réévalué.

3 Évaluation de la valeur d'utilité

Pour évaluer la valeur d'utilité, une entité doit établir une estimation des flux de trésorerie futurs dont elle s'attend à obtenir de l'actif sur la base d'hypothèses raisonnables et documentées représentant la meilleure estimation de la direction de l'ensemble des conditions économiques qui existeront pendant la durée d'utilité de l'actif restant à courir.

Ces flux tiendront compte des sommes reçues (ou payées) lors de la sortie de l'actif à la fin de sa durée d'utilité. Les flux ainsi déterminés seront actualisés à un taux avant impôt qui reflétera l'appréciation courante du marché de la valeur temps de l'argent et les risques spécifiques à l'actif pour lequel les estimations de flux de trésorerie futurs n'ont pas été ajustées.

▶ Exemple

La société Alpha vient de faire le 1er janvier N l'acquisition d'un matériel dont le coût est de 200 000 € et dont la valeur résiduelle sera de 10 000 € à la fin de la période d'amortissement. Ce matériel d'une durée de vie de 5 ans permettra une croissance du chiffre d'affaires de la société de 250 000 € par an. La marge moyenne de la société avant amortissement et impôt est de 16 %. Le taux d'actualisation, avant impôt, compte tenu des risques est fixé à 10 %.
Si l'on se place au 31 décembre N, la valeur d'utilité de ce matériel est égale à :

$$250\,000 \times 16\,\% \times \frac{1-1{,}10^{-5}}{0{,}10} = 151\,630\ €.$$

En supposant maintenant que l'amortissement avait été calculé dès le 1er janvier N de manière linéaire sur 5 ans, l'amortissement de N avait été de (200 000 – 10 000) / 5 = 38 000 € et la valeur comptable du matériel de 200 000 – 38 000 = 162 000 €. En supposant que la juste valeur diminuée des coûts de vente de ce matériel au 31 décembre N soit de 148 000 €, nous avons une valeur recouvrable (la plus élevée entre la juste valeur diminuée des coûts de la vente et la valeur d'utilité) de 151 630 €. Il y a lieu donc de constater une perte de valeur (sous forme de dépréciation) de 162 000 – 151 630 = 10 470 €.

4 Unités génératrices de trésorerie

Dans la norme IAS 36 est également évoquée la notion d'unités génératrice de trésorerie.

Définition

Une **unité génératrice de trésorerie** (UGT) est le plus petit groupe identifiable d'actifs qui génère des entrées de trésorerie largement indépendantes des entrées de trésorerie générées par d'autres actifs ou groupes d'actifs.

▶ Exemple

Dans le cadre de boutiques ou points de vente appartenant à une chaîne, il y a présomption que chaque boutique constitue une UGT si elle bénéficie d'une clientèle propre, indépendante de celles des autres boutiques de la chaîne. ◀

A. Règles de dépréciation

S'il existe un indice qu'un actif peut s'être déprécié, la valeur recouvrable de l'actif isolé doit être estimée.

S'il n'est pas possible d'estimer la valeur recouvrable de l'actif isolé, la valeur recouvrable de l'UGT, à laquelle l'actif appartient doit être déterminée. Le *goodwill* acquis dans un regroupement d'entreprises doit être affecté à chacune des UGT de l'acquéreur.

B. Perte de valeur d'une unité génératrice de trésorerie

La perte de valeur doit être répartie, en réduction de la valeur comptable des actifs de l'UGT dans l'ordre suivant :

- réduction de la valeur comptable de tout *goodwill* affecté à l'UGT (ou au groupe d'UGT) ;
- réduction des autres actifs de l'UGT (ou du groupe d'UGT) au prorata de la valeur comptable de chaque actif dans l'unité.

Lors de la répartition d'une perte de valeur, la valeur comptable d'un actif ne doit pas être ramenée en dessous du plus élevé de :

- son prix de vente net (si on peut le déterminer) ;

- sa valeur d'utilité (si on peut la déterminer) ;
- zéro.

Le montant de la perte de valeur qui autrement aurait été affecté à l'actif doit être réparti au prorata entre les autres actifs de l'unité.

▶ Exemple

Au 1er janvier N, la société « Pneumatique international Alpha » a absorbé la société « Pneus increvables Bêta ». Malgré la fusion, l'unité de production de la société « Pneus increvables » est restée autonome et il est possible de déterminer les flux de trésorerie dégagés (ou qui seront dégagés) par cette unité. L'unité de production « Pneus increvables » a été acquise en janvier N pour 10 000 000 €. Elle comprenait les éléments suivants :

- un terrain estimé 1 600 000 € ;
- des constructions estimées 3 000 000 € (amortissables en 20 ans, valeur résiduelle 500 000 €) ;
- des matériels estimés 4 000 000 € (amortissable en 10 ans, valeur résiduelle 400 000 €) ;
- un fonds commercial (*goodwill*) estimé 1 400 000 €.

Le chiffre d'affaires de l'année N de production a été de 9 000 000 d'euros.

Sur les 5 années (fin N) à venir, le chiffre d'affaires est estimé à :

- N+1 : 10 000 000 € ;
- N+2 : 12 000 000 € ;
- N+3 : 12 000 000 € ;
- N+ 4 : 10 000 000 € ;
- N+ 5 : 8 000 000 €.

Un besoin de fonds de roulement égal à 72 jours de chiffre d'affaires est à prévoir.

Le coût des productions (hors amortissements) peut être estimé à 85 %.

On prendra un taux d'actualisation annuel de 12 % avant impôt.

On déterminera d'abord les marges brutes d'autofinancement (MBA) avant impôt (en k€) :

Éléments	N	N+1	N+2	N+3	N+4	N+5
Chiffre d'affaires	9 000	10 000	12 000	12 000	10 000	8 000
Coûts directs	7 650	8 500	10 200	10 200	8 500	6 800
MBA avant impôt	1 350	1 500	1 800	1 800	1 500	1 200

On déterminera ensuite les flux de trésorerie sur 5 ans :

Éléments	N	N+1	N+2	N+3	N+4	N+5
Investissement initial	– 10 000					
Besoins en fonds de roulement (1)	– 1 800	– 200	– 400	0	+ 400	+ 400
MBA	+ 1 350	+ 1 500	+ 1 800	+ 1 800	+ 1 500	+ 1 200
Récupération immobilisations (2)						+ 5 690
Récupération BFR						+ 1 600
Flux net de trésorerie	10 450	1 300	1 400	1 800	1 900	8 890
Flux nets actualisés au 31.12.N		1 160	1 116	1 281	1 207	5 044

(1) 72 jours de chiffre d'affaires soit 20 % du CA annuel (ou de la croissance du CA). (2) Terrains : 1 600 ; Constructions 3 000 – (3 000 – 500) × 6/20 = 2 250 ; Matériels 4 000 – (4 000 – 400) × 6/10 = 1 840 ; *Goodwill* = 0 (par hypothèse).

La valeur totale des flux actualisés est donc de 9 808 000 €
La valeur comptable des éléments figurant à l'actif au 31 décembre N est de :

Terrains	1 600 000
Constructions : 3 000 000 – (3 000 000 – 500 000) / 20	2 875 000
Matériels : 4 000 000 – (4 000 000 – 400 000) / 10	3 640 000
Fonds commercial	1 400 000
Besoin en fonds de roulement 9 000 000 × 20 %	1 800 000
	11 315 000

Il y a lieu donc lieu de constater une dépréciation sur ce qui peut être appelé « unité génératrice de trésorerie » de 11 315 000 – 9 808 000 = 1 507 000 €.

La dépréciation est constatée d'abord sur le *goodwill* (le fonds commercial) puis ensuite (éventuellement) sur les actifs correspondant à l'unité génératrice de trésorerie. Dans notre cas, elle portera sur le *goodwill* pour 1 400 000 € et pour le solde sur les terrains les constructions et les matériels au prorata de leurs valeurs comptables (sauf si leur prix de vente net ou leur valeur d'utilité propre peut être déterminé).

On passera l'écriture suivante :

	31.12.N		
	Dotations aux dépréciations exceptionnelles	1 507 000	
	Dépréciation du fonds commercial (*goodwill*)		1 400 000
	Dépréciation des terrains		21 000
	Dépréciation des constructions		38 000
	Dépréciation des matériels		48 000
	Dépréciation constatée à la fin N		

5 Reprise sur perte de valeur

Une perte de valeur comptabilisée au cours de périodes antérieures pour un actif autre qu'un *goodwill* doit être reprise uniquement en cas de changement dans les estimations utilisées pour déterminer la valeur recouvrable de l'actif depuis la dernière comptabilisation d'une perte de valeur.

LE + DE L'EXPERT

Pour constater une dépréciation d'actif, il faut comparer la valeur comptable de l'actif avec sa valeur recouvrable, laquelle est la plus élevée entre sa juste valeur, diminuée des coûts de vente, et sa valeur d'utilité.

17 Instruments financiers : présentation et classification

Mots-clés

Actif financier • Coût amorti • Couverture • Couverture de flux de trésorerie • Couverture de juste valeur • Couverture d'investissement net dans une activité à l'étranger • Dérivé • Instrument de capitaux propres • Instrument de couverture • Instrument financier • Passif financier

Les instruments financiers qui concernent toutes les entités (y compris les banques et les assurances) font l'objet de trois normes essentielles : l'IAS 32 qui traite de la présentation des éléments financiers, l'IFRS 9 qui traite de la comptabilisation et l'IFRS 7 qui traite des informations à fournir.

1 Définition des instruments financiers selon l'IAS 32

A. Instrument financier

Tout contrat qui donne lieu à un actif financier d'une entité et à un passif financier ou à un instrument de capitaux propres d'une autre entité.

B. Actif financier

Relèvent notamment de l'actif financier :
- la trésorerie ;
- un instrument de capitaux propres issu d'une autre entité ;
- un droit contractuel de recevoir d'une autre entité de la trésorerie ou un autre actif financier.

▶ Exemple

Les comptes bancaires courants, les titres de placement, les créances clients, les swaps de taux d'intérêt favorables ou encore les options favorables d'achat d'actions sont autant d'actifs financiers. ◀

C. Passif financier

Relèvent notamment du passif financier :
- une obligation contractuelle de remettre à une autre entité de la trésorerie ou un autre actif financier ;
- une obligation contractuelle d'échanger des actifs ou passifs financiers avec une autre entité à des conditions potentiellement défavorables.

▶ Exemple

Emprunt bancaire ou emprunt obligataire, options défavorables d'achat de devises, options défavorables de vente d'actions, etc. ◀

D. Instrument de capitaux propres

Définition

Constitue un instrument de capitaux propres tout contrat mettant en évidence un intérêt résiduel dans les actifs d'une entité après déduction de ses passifs.

▶ Exemple

Titres de capital de l'entité (actions, parts, bons de souscriptions d'actions ou de parts, etc.). ◀

E. Dérivé

Définition

Un **dérivé** est un instrument financier ou tout autre contrat qui présente les trois caractéristiques suivantes :

- sa valeur fluctue en fonction de l'évolution d'un taux d'intérêt, du prix d'un instrument financier ou d'une marchandise, d'un cours de change, d'un indice de prix ou de cours, d'une notation de crédit ou d'un indice de crédit ou d'une autre variable (le « sous-jacent ») ;
- il ne requiert aucun placement initial ou un placement faible initial faible ;
- il est réglé à une date future.

▶ Exemple

Swaps ou contrats d'échange (de taux d'intérêt, de devises, de risque de crédit [*credit default swaps*, CDS], de matières premières, etc.), contrats à terme de gré à gré (de taux d'intérêt [*forward rate agreements*, FRA], de devises, etc.), contrats à terme standardisés sur un marché réglementé (*futures*) de taux d'intérêt notamment, options (*call*, *put*) et warrants, etc. ◀

F. Instrument financier composé

Définition

Un **instrument financier** est dit « composé » lorsqu'il comprend à la fois une composante de passif et une composante de capitaux propres.

▶ Exemple

Obligations avec bons de souscription d'actions. ◀

2 Classification des instruments (hors relation de couverture) par IFRS 9

IFRS 9 distingue différents instruments financiers.

A. Actifs financiers évalués au coût amorti

Un actif financier doit être évalué au **coût amorti** si les deux conditions suivantes sont réunies :

- la détention de l'actif s'inscrit dans un business model (modèle économique) dont l'objectif est de détenir des actifs afin de percevoir les flux de trésorerie contractuels ;
- les conditions contractuelles de l'actif donnent lieu, à des dates spécifiées, à des flux de trésorerie qui correspondent uniquement à des remboursements de principal et à des versements d'intérêts sur le principal restant dû.

▶ Exemple

Prêts au personnel et autres prêts, titres immobilisés (obligations et bons), créances non courantes. ◀

B. Actifs financiers évalués à la juste valeur par le biais des autres éléments du résultat global

Un actif financier doit être évalué à la juste valeur par le biais des autres éléments du résultat global si les deux conditions suivantes sont remplies :

- L'actif financier s'inscrit dans un business model dont l'objectif est atteint à la fois par la collecte des flux de trésorerie contractuels et par la vente d'actifs financiers.
- Les conditions contractuelles donnent lieu, à des dates spécifiées, à des flux de trésorerie qui correspondent uniquement à des remboursements de principal et à des versements d'intérêts sur le principal restant dû.

▶ Exemple

Titres immobilisés de l'activité de portefeuille. ◀

C. Actifs financiers évalués à la juste valeur par le biais du résultat net

Un actif financier doit être évalué à la juste valeur par le biais du résultat net s'il n'est pas évalué au coût amorti ou à la juste valeur par le biais des autres éléments du résultat global.

D. Passifs financiers évalués au coût amorti

L'entité doit classer comme étant évalués au coût amorti tous les passifs financiers à l'exception de ceux (y compris les dérivés) qui sont évalués à la juste valeur par le biais du résultat net.

▶ Exemple

Les emprunts obligataires peuvent être évalués à au coût amorti. ◀

E. Passifs financiers évalués à la juste valeur par le biais du résultat net

Le passif financier est évalué ainsi si l'on aboutit ainsi à des informations plus pertinentes.

▶ Exemple

Les dérivés de change sont souvent évalués à leur juste valeur par le biais du résultat net. ◀

3 Relations de couverture

L'IFRS 9 distingue, d'une part, les instruments de couverture et, d'autre part, les éléments couverts et trois types de couverture.

A. Instrument de couverture

Définition

Un instrument de couverture est tout produit dérivé désigné ou, dans des circonstances limitées, tout actif ou passif financier non dérivé dont on s'attend à ce que la juste valeur ou les flux de trésorerie compensent les variations de juste valeur ou de flux de trésorerie d'un élément couvert désigné.

▶ Exemple

Contrat d'accord de taux futur (*Forward rate agreement*, FRA) utilisé sur le marché monétaire, négocié de gré à gré avec une entité financière, permettant de fixer dès aujourd'hui le taux d'intérêt d'une opération future (sur un emprunt à taux variable entre autres). ◀

B. Élément couvert

L'élément couvert peut être un actif, un passif, un engagement ferme, une transaction future prévue ou un investissement net dans une entité étrangère, qui expose l'entité à un risque de variation de juste valeur ou de variation de flux de trésorerie futur.

▶ Exemple

Les paiements d'intérêts futurs sur un emprunt réalisé par l'entité sont des actifs couverts. ◀

C. Couverture de juste valeur

Définition

La **couverture de juste valeur** dans une activité à l'étranger est une couverture de l'exposition aux variations de juste valeur d'un actif ou d'un passif comptabilisé, ou d'un engagement ferme non comptabilisé.

▶ Exemple

Un contrat de vente à terme de devises par un exportateur lors d'une vente à crédit à l'étranger permettant de couvrir les variations de juste valeur de la créance qu'il a sur son client constitue une couverture de juste valeur. ◀

D. Couverture de flux de trésorerie

Définition

La couverture de flux de trésorerie est une couverture de l'exposition aux variations de flux de trésorerie attribuable associé à un actif ou un passif ou à une transaction hautement probable.

▶ Exemple

Le recours à un swap d'intérêt pour changer un emprunt à taux variable en un emprunt à taux fixe est une couverture de flux de trésorerie. Les flux de trésorerie futurs correspondent alors au paiement des intérêts. ◀

E. Couverture d'un investissement net dans une activité à l'étranger

Définition

Constitue une **couverture d'investissement net dans une activité à l'étranger** la couverture du montant de la participation de l'entité présentant les états financiers dans l'actif net de cette activité.

▶ Exemple

Les variations monétaires de l'actif net d'une filiale située à l'étranger peuvent être couvertes par une option de change à terme ◀

LE + DE L'EXPERT

Alors que l'IFRS 9 distingue trois catégories d'actifs financiers, ladite norme ne distingue que deux catégories de passifs financiers. La catégorie de passifs financiers évalués à la juste valeur par le biais des autres éléments du résultat global n'existe pas.

18 Instruments financiers : comptabilisation

Mots-clés

Actif financier • Coût amorti • Couverture • Instrument financier • Juste valeur • Passif financier • Taux d'intérêt effectif

1 Comptabilisation et évaluation initiale des instruments financiers

Quand une entité comptabilise pour la première fois un instrument financier, elle doit le classer au coût amorti ou à la juste valeur par le biais des autres éléments du résultat global ou par résultat net.

Sauf pour les créances commerciales (qui doivent être évaluées au prix de transaction), l'entité doit évaluer l'actif financier ou le passif financier à sa juste valeur, majorée ou minorée, dans le cas d'un actif financier ou d'un passif financier qui n'est pas à la juste valeur par le biais du résultat net, des coûts de transaction directement attribuables à l'acquisition ou à l'émission de l'actif ou du passif financier.

▶ Exemple

Le 1er septembre N, la société Alpha a fait l'acquisition, en vue d'un placement, de 1 000 actions Oméga au cours de 18 € l'unité. Ces titres seront évalués à la juste valeur par le biais du résultat net. Les frais d'acquisition se sont élevés à 500 € plus une TVA récupérable de 100 €.
On passera l'écriture suivante :

	1.9.N	Débit	Crédit
	Valeurs mobilières – Actions	18 000	
	Frais sur titres (achat, vente, garde)	500	
	État, TVA déductible	100	
	Banque		18 600
	Acquisition 1 000 actions Oméga		

Si les actions devaient être évaluées au coût amorti ou à la juste valeur par le biais des autres éléments global, la valeur d'acquisition eut été de 18 000 + 500 = 18 500 €. ◀

2 Évaluation et comptabilisation postérieures à l'acquisition des instruments financiers

Selon leur classification, les actifs et passifs ne sont pas évalués de la même façon.

Évaluation des actifs financiers	Évaluation des passifs financiers
• Au coût amorti • À la juste valeur par le biais des autres éléments du résultat global • À la juste valeur par le biais du résultat net	• Au coût amorti • À la juste valeur par le biais du résultat net (↪ fiche 17)

A. Évaluation et comptabilisation des actifs financiers au coût amorti

Le coût amorti doit être calculé selon la méthode du taux d'intérêt effectif. Il correspond donc à la valeur actuelle calculée à partir des données d'entrée suivantes :
- les flux de trésorerie attendus sur la durée de vie restante de l'instrument ;
- le taux d'intérêt effectif, qui sert de taux d'actualisation.

Définitions

• On appelle **coût amorti** le montant auquel est évalué l'actif ou le passif financier lors de sa comptabilisation initiale, diminué des remboursements en principal, majoré ou diminué de la différence entre les intérêts calculés par la méthode du taux d'intérêt effectif et les intérêts réellement encaissés ou décaissés, et diminué de toute réduction pour dépréciation ou irrécouvrabilité.

• On appelle **taux d'intérêt effectif** le taux qui actualise exactement les décaissements ou encaissements de trésorerie futurs sur la durée de vie prévue de l'instrument financier.

▸ Exemple

La société Alpha a prêté une somme de 100 000 € le 1er janvier N à la société Bêta. Le remboursement sera effectué en bloc le 31 décembre N+4. Un intérêt de 5 % sera versé les 1er janvier N+1 à N+4.

Il y a lieu de déterminer d'abord le taux d'intérêt effectif : soit i ce taux, on peut écrire :

$$100\,000 = 100\,000 \times 5\,\% \times \frac{1-(1+i)^{-4}}{i} + 100\,000 \times (1+i)^{-5}$$

On trouve i = 4,0783 %.

On pourra ensuite établir le tableau suivant permettant de suivre le coût amorti :

Coût amorti en fin année = Coût amorti fin année précédente + Intérêts – Paiements, les intérêts étant calculés sur le coût amorti du début de l'exercice.

	Intérêts à 4,0783 %	Paiements	Coût amorti
01.01.N			100 000
31.12.N	4 078	5 000	99 078
31.12.N+1	4 041	5 000	98 119
31.12.N+2	4 001	5 000	97 121
31.12.N+3	3 960	5 000	96 081
31.12.N+4	3 919	100 000	0

Au 31 décembre N, on passerait les écritures suivantes :

	31.12.N	Débit	Crédit
	Prêts à la filiale	4 078	
	Revenus des prêts		4 078
	Intérêt sur coût amorti		
	Banque	5 000	
	Prêt à la filiale		5 000
	Intérêts perçus		

B. Évaluation et comptabilisation à la juste valeur par le biais des autres éléments du résultat global

L'entité doit constater les variations de juste valeur dans les autres éléments du résultat global.

▶ Exemple

Dans le cadre de son activité de portefeuille, la société Alpha a fait l'acquisition le 1er septembre N de 5 000 obligations Lambda acquises 240 000 €. Au 31 décembre N le cours de ces obligations est de 49 €. On passera l'écriture suivante :

	31.12. N	Débit	Crédit
	Titres immobilisés de l'activité de portefeuille – Obligations	5 000	
	Écart d'évaluation sur instruments financiers		5 000
	Plus-value sur actions Lambda 5 000 × 49 – 240 000		

C. Évaluation et comptabilisation des actifs financiers à la juste valeur par le biais du résultat net

L'entité doit constater les variations de juste valeur dans le résultat net de chaque période.

▶ Exemple

La société Alpha a fait l'acquisition le 1er septembre N de 1 000 actions Oméga acquises 18 000 €. Au 31 décembre N le cours de ces actions est de 19 €. On passera l'écriture suivante :

	31.12. N	Débit	Crédit
	Valeurs mobilières – Actions	1 000	
	Autres produits financiers (plus-value sur valeurs mobilières de placement)		1 000
	Plus-value sur actions Oméga 1 000 × 19 – 18 000		

D. Évaluation et comptabilisation des passifs financiers au coût amorti

Les règles applicables à l'évaluation des actifs financiers au coût amorti s'appliquent aux passifs financiers évalués au coût amorti.

▶ Exemple

La société Alpha a émis le 1er janvier N–2 un emprunt de 12 000 obligations de 50 € nominal et remboursables au pair par annuités constantes durant 10 ans (le 31 décembre de chaque année). Le taux nominal de l'emprunt est de 6 % l'an. Les obligations ont été émises à 46 € l'unité et les frais d'émission se sont élevés à 5 000 € hors taxes. Le taux d'intérêt effectif est de cet emprunt est de 8 % l'an.

On va d'abord calculer l'annuité constante théorique et établir le tableau d'amortissement de l'emprunt pour les années N–2 à N.

Annuité constante théorique :

$$12\,000 \times 50 \times \frac{0{,}06}{1-1{,}06^{-10}} = 81\,521$$

Tableau d'amortissement de l'emprunt

Échéances	Obligations vivantes	Intérêt	Obligations amorties	Remboursement emprunt	Annuités
31.12.N–2	12 000	36 000	910	45 500	81 500
31.12.N–1	11 090	33 270	965	48 250	81 520
31.12.N	10 125	30 375	1 023	51 150	81 525

On pourra ensuite établir un tableau de suivi du coût amorti qui se présentera comme suit : le coût amorti au moment de l'émission est de 12 000 × 46 – 5 000 = 547 000.

Échéances	Intérêts à 8 %	Remboursement intérêts	Remboursement capital	Coût amorti
1.1.N–2				547 000
31.12.N–2	43 760	36 000	45 500	509 260
31.12.N–1	40 741	33 270	48 250	468 481
31.12.N	37 478	30 375	51 150	424 434

On pourrait ensuite présenter les écritures suivantes au 31 décembre N.

	31.12.N	Débit	Crédit
	Charges d'intérêts	37 478	
	Emprunt obligataire		37 478
	Intérêt N		
	Emprunt obligataire	81 525	
	Banque		81 525
	Échéance 31.12.N : 30 375 + 51 150		

E. Évaluation et comptabilisation des passifs financiers à la juste valeur par le biais du résultat net

Les règles applicables à l'évaluation des actifs financiers à la juste valeur par le biais du résultat net s'appliquent aux passifs financiers évalués à la juste valeur par le biais du résultat net.

3 Comptabilité des opérations de couverture

Sauf cas particulier, en cas de couverture de juste valeur (↳ fiche 17), les gains et pertes sur l'instrument de couverture et sur l'instrument couvert sont comptabilisés dans le résultat net. En cas de couverture de flux de trésorerie ou d'un investissement net dans une activité à l'étranger (↳ fiche 17), ils sont comptabilisés dans les autres éléments du résultat global.

LE + DE L'EXPERT

Le principe de base d'une comptabilité de couverture est qu'il faut retenir l'instrument de couverture comme l'élément principal.

19 Provisions et avantages du personnel

Mots-clés

Avantage du personnel • Avantage postérieur à l'emploi • Coût des services passés • Écart actuariel • Paiement fondé sur des actions • Provision • Régime à cotisations définies • Régime à prestations définies • Unité de crédit projetée

1 Les provisions

Définition

Une provision est un passif dont l'échéance ou le montant est incertain.

A. Comptabilisation d'une provision

Une provision doit être comptabilisée lorsque :

- L'entreprise est tenue à une obligation actuelle (juridique ou implicite) résultant d'un événement passé.
- Il est probable qu'une sortie de ressources représentatives d'avantages économiques sera nécessaire pour régler l'obligation.
- Le montant de l'obligation peut être estimé de manière fiable.

Si ces conditions ne sont pas réunies, aucune provision ne doit être comptabilisée.

Les provisions doivent être revues à chaque date de clôture et ajustées pour refléter la meilleure estimation à cette date. Si une sortie de ressources représentatives d'avantages économiques nécessaires pour régler l'obligation n'est plus probable, la provision doit être reprise.

B. Évaluation des provisions

Le montant comptabilisé en provision doit être la meilleure estimation de la dépense nécessaire au règlement de l'obligation actuelle à la date de clôture. Les risques et incertitudes doivent être intégrés.

Lorsque l'effet de la valeur temps de l'argent est significatif, le montant de la provision doit être la valeur actuelle des dépenses attendues que l'on pense nécessaires pour régler l'obligation.

2 Les avantages du personnel

Définition

Traitées par l'IAS 19, les avantages du personnel recouvrent toutes les contreparties offertes par une entreprise au titre des services rendus par son personnel.

Les avantages du personnel se composent :

- des avantages à court terme (salaires, cotisations sociales, avantages en nature, congés payés, primes payées dans les 12 mois, etc.) ;

- des **avantages postérieurs à l'emploi** (en distinguant les régimes à cotisations définies et les régimes à prestations définies) ;
- des autres avantages à long terme (médailles du travail, primes, intéressement et rémunérations différées de plus de 12 mois, etc.) et des indemnités de cessation d'emploi.

La norme IFRS 2 traite également des avantages attribués en actions (ex. : stock-options).

A. Régimes à cotisations définies et régimes à prestations définies

Les régimes à cotisations définies désignent les régimes en vertu desquels une entité verse des cotisations à une entité distincte (un fonds) et n'aura aucune obligation juridique ou implicite de payer des cotisations supplémentaires si le fonds n'a pas suffisamment d'actifs pour servir tous les avantages correspondant aux services rendus par le personnel pendant l'exercice et les exercices antérieurs. Les régimes sociaux pour la retraite par répartition (assurance vieillesse, ARRCO, AGIRC, etc.) font partie des régimes à cotisations définies.

Définition

Les **régimes à prestations définies** (ex. : retraite chapeau, indemnités de départ à la retraite) sont les régimes autres que ceux à cotisations définies.

B. Valeur actualisée de l'obligation dans le cadre de régimes à prestations définies

La méthode des **unités de crédit projetées** permet notamment de déterminer l'obligation de l'entité au titre des prestations définies. Cette méthode utilise des hypothèses actuarielles (ex. : taux de mortalité, de rotation du personnel, d'actualisation, niveaux futurs de salaires et avantages).

▸ Exemple

M. Raphaël, salarié de la société Alpha, est né en N–47. Son salaire actuel est de 2 500 € par mois. Il est entré dans l'entreprise en N–10 et compte partir en retraite en N+15. La société Alpha s'est engagée à lui verser un complément de retraite de 10 % de son salaire. La probabilité qu'il a d'être présent à l'âge de 62 ans (âge de la retraite pour ce salarié) dans l'entreprise est de 75 % (elle était de 74 % l'année précédente) et son espérance de vie à 62 ans est de 20 ans. Le taux d'augmentation des salaires est de 2,5 % par an, celui des retraites de 2 % et le taux d'actualisation de 2 %. Le taux de charges sociales est de 30 %.
On se pose la question suivante : quelle doit être l'obligation de la société Alpha à la clôture de l'exercice N vis-à-vis de M. Raphaël ?
Cette obligation se déterminera en fonction du salaire estimé de fin de carrière, des droits calculés à partir de ce salaire, du rapport d'ancienneté, de l'inflation et d'un taux d'actualisation. Dans le cas présent, on a :

- Salaire estimé en fin de carrière : $2\,500 \times 1{,}025^{15} = 3\,620{,}74$
- Droits en fin de carrière : $3\,620{,}74 \times 10\ \% = 362{,}07$
- Rapport d'ancienneté : 10/25
- Dette actuarielle en unités de crédit : $362{,}07 \times 10/25 \times 0{,}75 \times 1{,}02^{-15} = 80{,}707$
- Dette actuarielle en € en N : $80{,}707 \times 12 \times 1{,}30 \times 20 = 25\,180{,}58$

(sans d'effet inflation car l'augmentation des retraites est égale au taux d'actualisation).
En comparant la dette actuarielle pour un salarié à la fin d'un exercice et celle de l'exercice précédent, on peut déterminer une charge financière sur cette dette (au taux d'actualisation) et par différence le coût des services rendus. ◂

C. Comptabilisation et évaluation dans le cadre de régimes à prestations définies

Le montant comptabilisé au passif au titre des prestations définies doit être égal au total de :

- la valeur actualisée de l'obligation au titre des prestations définies à la date de clôture ;
- diminuée de la juste valeur à la date de clôture des actifs du régime (s'ils existent) utilisés directement pour éteindre les obligations.

▸ Exemple

La société Alpha attribue à ses salariés des indemnités de départ à la retraite. Pour couvrir ces indemnités, elle a fait l'acquisition d'un ensemble de titres faisant l'objet d'un suivi (titres immobilisés de l'activité de portefeuille). Au 31 décembre N–1, actualisés au taux de 4 %, le montant des engagements est égal à 1 000 000 € ; au 31 décembre N, il est de 1 100 000 €.
Le portefeuille titres servant d'instrument de couverture (➥ fiches 17 et 18), comptabilisé à la juste valeur, s'élève au 31 décembre N–1 à 800 000 € et au 31 décembre N à 820 000 €.
Au bilan, le montant comptabilisé au titre des prestations définies sera de
1 000 000 – 800 000 = 200 000 € au 31 décembre N (les titres immobilisés de couverture n'étant pas inscrits à l'actif mais en diminution du passif) et le montant comptabilisé au 31 décembre N sera de 1 100 000 – 820 000 = 280 000 €.
Pour ce qui concerne la « dette provisionnée » pour indemnité de départ à la retraite proprement dite, elle sera augmentée de 1 100 000 – 1 000 000 = 100 000 € provenant d'intérêts calculés à 4 % sur la dette de l'exercice précédent soit 1 000 000 × 4 % = 40 000 € et de services rendus pour 60 000 €.
On comptabilisera ainsi cette variation :

	31.12.N	Débit	Crédit
	Autres charges de personnel	60 000	
	Autres charges financières *1 000 000 × 4 %*	40 000	
	Dettes provisionnées pour avantages du personnel postérieurs à l'emploi		100 000
	Services rendus et intérêts calculés		

D. Écarts actuariels et coûts des services passés

Les écarts actuariels sont les variations de l'obligation au titre des prestations définies qui résultent :

- des ajustements liés à l'expérience (c'est-à-dire les effets des différences entre les hypothèses actuarielles antérieures et ce qui s'est effectivement produit) ;
- des effets des changements d'hypothèses actuarielles.

Les écarts actuariels sont constatés dans les autres éléments du résultat global.

Le **coût des services passés** désigne l'accroissement (ou la diminution) de la valeur actuelle de l'obligation au titre des prestations définies pour les services rendus au cours d'exercices antérieurs, résultant de la modification du régime.

Les coûts des services passés sont constatés dans le résultat net de l'exercice (en les distinguant du coût des services rendus au cours de l'exercice).

E. Cas des avantages fondés sur des actions

L'entité doit comptabiliser les biens ou services reçus ou acquis au moment où elle obtient ces biens ou au fur et mesure qu'elle reçoit ces services. Elle comptabilise en contrepartie ces **paiements fondés sur des actions** soit par une augmentation de ses capitaux propres, soit par un passif selon que le règlement sera effectué en instruments de capitaux propres ou en trésorerie. L'évaluation est faite à la juste valeur des biens ou des services ou de la contrepartie en trésorerie ou en capitaux propres.

▸ **Exemple**

M. Epsilon, directeur général de la société Alpha, a droit, chaque année, à une rémunération complémentaire sous forme d'options de souscription en actions de la société. Au 31 décembre N, son droit est estimé à 200 actions qui pourront lui être attribuées au 31 décembre N+2 au prix d'émission de 120 €. Au 31 décembre N, le cours de l'action estimé est de 150 €. Les services rendus par M. Epsilon sont donc estimés à cette date à : 200 × (150 – 120), soit 6 000 €. Au 31 décembre N+2, M. Epsilon exerce son option. La société Alpha va émettre 200 titres à 158 € (nominal 50 €), cours à cette date, et les attribuera à M. Epsilon. L'évaluation doit être effectuée à la date d'octroi (et ne doit plus être modifiée ensuite).
On passera les écritures suivantes :

		Débit	Crédit
	31.12.N		
	Autres charges du personnel	6 000	
	Prime d'émission		6 000
	Options attribuées 200 × (150 – 120)		
	31.12.N+2		
	Banque *200 × 120*	24 000	
	Capital *50 × 200*		10 000
	Primes d'émission *(150 – 50) × 200 – 6 000*		14 000
	Options exercées		

LE + DE L'EXPERT

En normes IFRS, les avantages du personnel, qu'ils soient à court terme (comme les salaires et charges correspondantes) ou à long terme (comme les droits à pensions et les obligations similaires ou les stock-options) sont toujours rattachées aux exercices qui les ont générés.

20 Reconnaissance des revenus

Mots-clés

Prix de transaction • Produit des activités ordinaires • Reconnaissance des revenus

La norme IFRS 15 « Produits des activités ordinaires tirés de contrats conclus avec les clients » (qui a remplacé à compter du 1er janvier 2018 les normes IAS 11 et IAS 18) prévoit une approche de la reconnaissance des revenus en cinq étapes.

1 Identifier le contrat conclu avec le client

L'entité ne doit comptabiliser un contrat conclu avec un client que lorsque toutes les conditions suivantes sont remplies :

- Les parties au contrat ont approuvé le contrat et se sont engagées à remplir leurs obligations respectives.
- L'entité peut identifier les droits de chaque partie ainsi que les modalités de paiement prévues pour les biens ou les services à fournir.
- La substance du contrat est commerciale.
- L'entité recouvrera probablement la contrepartie à laquelle elle a droit en échange des biens ou des services qu'elle fournit au client. ◂

▸ Exemple

La société Alpha promet de vendre 120 produits à un client pour 12 000 € (100 € par produit). Les produits sont fournis au client sur une période de 6 mois. L'entité transfère le contrôle de chaque produit à un moment précis. Après la fourniture par l'entité du contrôle de 60 produits au client, le contrat est modifié pour exiger la livraison de 30 produits supplémentaires (soit un total de 150 produits identiques au prix de 99 €) au client. Les 30 produits supplémentaires n'étaient pas inclus dans le contrat initial.
Lorsque le contrat est modifié, le prix de la modification du contrat pour les 30 produits supplémentaires s'élève à un montant de $150 \times 99 - 12\,000 = 2\,850$ € (soit 2 850/30, soit 95 € par produit). Le prix des produits supplémentaires reflète le prix de vente spécifique des produits au moment de la modification du contrat, et les produits supplémentaires sont distincts des produits initiaux. ◂

2 Identifier les différentes obligations de prestation prévues au contrat

Lors de la passation d'un contrat avec un client, l'entité doit apprécier les biens ou services promis dans le contrat et identifier comme une obligation de prestation chaque promesse de fournir au client un bien ou un service (ou un groupe de biens ou services) distinct ou une série de biens ou de services distincts qui sont essentiellement les mêmes et qui sont fournis au client au même rythme.

▸ Exemple

Une entité s'est dotée d'un programme de fidélisation de la clientèle selon lequel le client obtient un point de fidélité par tranche de 10 € d'achats. Chaque point peut être échangé

contre une remise de 1 € sur tout achat futur. Au cours d'une période de présentation de l'information financière, les clients achètent pour 100 000 € de produits et gagnent 10 000 points échangeables lors d'achats futurs. L'entité s'attend à ce que 9 000 points soient échangés. Compte tenu de cette probabilité, elle estime que le prix de vente spécifique d'un point est de 0,90 € (soit 9 000 € pour l'ensemble des points).
Les points confèrent au client un droit significatif qui ne lui serait pas accordé en l'absence de contrat. L'entité conclut donc que les points représentent une obligation de prestation distincte.
L'entité répartit le prix de transaction entre le produit et les points sur la base du prix de vente spécifique relatif, comme suit :
- Produit : (100 000 € × 100 000 € / 109 000 €) = 91 743 €
- Points : (100 000 € × 9 000 € / 109 000 €) = 8 257 € ◂

3 Déterminer le prix de transaction

Pour déterminer le prix de transaction, l'entité doit prendre en compte les conditions du contrat et ses pratiques commerciales habituelles.

Définition

Le **prix de transaction** est le montant de contrepartie auquel l'entité s'attend à avoir droit en échange de la fourniture de biens ou de services promis à un client, à l'exclusion des sommes perçues pour le compte de tiers (par exemple les taxes de vente).

La contrepartie promise dans un contrat conclu avec un client peut consister en des montants déterminés, des montants variables ou les deux.

▸ Exemple

Une entité vend 100 unités d'un produit à 100 € chacune. Selon ses pratiques commerciales habituelles, elle permet au client de retourner dans les 30 jours toute unité inutilisée et d'en recevoir le remboursement intégral. Le coût unitaire du produit est de 60 €. L'entité s'attend à ce que 3 unités soient retournées. Elle estime que le coût de récupération sera non significatif et prévoit que les unités retournées pourront être revendues avec profit.
Lors du transfert du contrôle des unités vendues, l'entité ne comptabilise pas de produits pour les 3 unités dont le retour est prévu. Elle comptabilise donc :
- des produits de 9 700 € (100 € × 97 unités sans retour prévu) ;
- un passif au titre du remboursement de 300 € (100 € × 3 unités dont le retour est prévu) ;
- un actif de 180 € (60 € × 3 unités) pour son droit de récupération des unités non utilisées par les clients sur règlement du passif au titre du remboursement.
- Le montant comptabilisé en coût des ventes pour 97 unités sera ainsi de 5 820 € (60 € × 97). ◂

4 Répartir le prix de transaction entre les différentes obligations de prestation prévues au contrat

La répartition du prix de transaction a pour objectif d'affecter à chaque obligation de prestation distincte (ou bien ou service distinct) un montant qui reflète le montant de contrepartie auquel l'entité s'attend en échange de la fourniture des biens ou des services promis au client.

▶ Exemple

Dans les télécommunications, une pratique commerciale habituelle est de vendre le téléphone mobile en même temps qu'un abonnement sur une certaine durée fixe pour un prix global, parfois nul. La rémunération de l'opérateur de télécommunication est principalement obtenue grâce à la facturation ultérieure liée à l'usage du téléphone portable.
Si la société Alpha propose un contrat de 3 ans à 60 € par mois avec la fourniture d'un téléphone portable d'une valeur de 289 € facturé 1 €, elle comptabilisera au moment de l'obtention du contrat un produit de 289 € pour la cession du téléphone portable puis chaque mois une redevance pour prestations de [(3 × 12 × 60) – (289 – 1)] / (3 × 12) = 52 €. ◀

5 Comptabiliser des produits lorsque l'entité remplit une obligation de prestation

L'entité doit comptabiliser des produits des activités ordinaires lorsqu'une obligation de prestation est remplie (ou au fur et à mesure qu'elle est remplie) par la fourniture au client d'un bien ou d'un service promis (c'est-à-dire en transférant un actif).

Un bien ou un service (un actif) est transféré lorsque le client obtient (ou à mesure qu'il obtient) le contrôle du bien ou du service.

▶ Exemple

La société Alpha a lancé en juillet N un chantier de travaux qui doit se terminer en N+1. Le produit attendu de ce chantier est estimé à 480 000 €.
Au 31 décembre N les charges engagées (ou restant à engager) sur ce chantier peuvent être estimées comme suit :

	Année N	Année N+1
Charges directes de production	100 000	120 000
Charges indirectes de production	80 000	76 000
Charges de distribution		24 000
Quote-part de frais généraux	20 000	40 000
	200 000	260 000

Les frais généraux ne faisant pas partie du coût du contrat, le coût total peut être estimé à :

– Dépenses N : 100 000 + 80 000 =	180 000
– Dépenses N+1 : 120 000 + 76 000 + 24 000 =	220 000
	400 000

Le contrat est donc bénéficiaire.

Le degré d'avancement à la fin de l'année N peut être estimé à 180 000 / 400 000 = 45 %. Le chiffre d'affaires à constater correspondant est donc de 480 000 × 45 % = 216 000 €, ce qui permettra de dégager une marge de 216 000 – 180 000 = 36 000 €.
On passera donc l'écriture suivante (TVA 20 %) :

31.12.N		
Clients, facture à établir *216 000 × 1,20*	259 200	
Travaux		216 000
État, TVA sur factures à établir		43 200
Travaux à l'avancement		

Il n'y aura pas, par contre, d'écriture de variation de stock.
En N+1, la facture définitive sera comptabilisée et l'écriture enregistrée ci-dessus contre-passée.
Supposons maintenant que le produit attendu du chantier ne soit que de 360 000 €.
Le chiffre d'affaires à constater fin N serait donc de 360 000 × 45 % = 162 000 €, ce qui conduirait à une perte constatée fin N de 180 000 – 162 000 € = 18 000. La perte globale estimée étant de 400 000 – 360 000 € = 40 000 €, il y aurait donc nécessité de comptabiliser une provision de 40 000 – 18 000 = 22 000 €. On passerait alors les écritures suivantes :

31.12.N		
Clients, facture à établir *162 000 × 1,20*	194 400	
Travaux		162 000
État, TVA sur factures à établir		32 400
Travaux à l'avancement		
Dotations aux provisions d'exploitation	22 000	
Provisions pour pertes sur contrats en cours		22 000
Provision pour perte à terminaison		

LE + DE L'EXPERT

Avant d'effectuer la comptabilisation de produits des activités ordinaires, il y a lieu, après avoir analysé le contrat conclu avec un client, d'identifier les différentes obligations prévues au contrat, de déterminer le prix de la transaction et de le répartir entre les différentes obligations de prestation prévues au contrat.

21 Règles applicables aux comptes de groupe

Mots-clés

Comptes consolidés • Comptes de groupe • Directive européenne • Règlement 2020-01 de l'ANC • Règlement européen

1 Directive du Parlement européen et du Conseil

La directive européenne 2013/34 du 26 juin 2013 est relative aux états financiers annuels, aux états financiers consolidés et aux rapports y afférents de certaines formes d'entreprise. Applicable à compter du 1er janvier 2016, cette directive a remplacé la quatrième directive du 25 juillet 1978 relative aux comptes annuels de certaines formes de sociétés et la septième directive du 13 juin 1983 relative aux comptes consolidés.

La directive précise notamment (articles 3 et 21 à 29) :
- l'obligation d'établir des états financiers consolidés ;
- les exemptions de consolidation ;
- les modes d'établissement des états financiers consolidés : intégration globale, intégration proportionnelle, mise en équivalence.

2 Articles L. 233-16 à L. 233-28 du Code de commerce

Ces articles précisent :
- que les sociétés doivent présenter des comptes consolidés et un rapport sur la gestion du groupe dès lors qu'elles contrôlent de manière exclusive ou conjointe une ou plusieurs autres entreprises ;
- que sont comprises dans la consolidation les filiales ou participations contrôlées de manière exclusive ou conjointe ou sur lesquelles est exercée une influence notable ;
- ce que l'on entend par contrôle exclusif, contrôle conjoint, influence notable ;
- les méthodes de consolidation utilisables (intégration globale, intégration proportionnelle, mise en équivalence) ;
- les cas où une filiale ou une participation peut être laissées en dehors de la consolidation ;
- le contenu général des comptes consolidés (bilan, compte de résultat, annexe) et leurs qualités recherchées (régularité, sincérité, image fidèle) ;
- les règles générales d'évaluation des éléments consolidés ;
- le contenu du rapport de gestion ;
- l'obligation de contrôle par les CAC.

3 Articles R. 233-3 à R. 233-16 du Code de commerce

Ces articles analysent les méthodes applicables aux comptes consolidés (intégration globale, intégration proportionnelle, mise en équivalence, écart de première consolidation, impositions différées, etc.). Ils présentent la structure générale du bilan consolidé, du compte de résultat consolidé et de l'annexe (dont les contenus détaillés font l'objet d'un règlement de l'Autorité des normes comptables) et indiquent les seuils d'exemption d'établissement et de publication des comptes de groupe.

4 Règlement relatif aux comptes consolidés

Le **règlement 2020-01 de l'ANC** du 6 mars 2020 relatif aux comptes consolidés (remplaçant notamment à compter du 1er janvier 2021 le règlement 99-02 du CRC du 29 avril 1999) détaille les dispositions comptables énoncées par les articles L. 233-16 à L. 233-28 et R.233-3 à R.233-16 du Code de commerce.

Structure du règlement 2020-01 de l'ANC

Livre I. Principes généraux relatifs à l'établissement des comptes consolidés ou combinés :
1. Principes généraux ;
2. Premiers comptes consolidés ou combinés.

Livre II. Comptes consolidés :
1. Périmètre de consolidation ;
2. Méthodes de consolidation ;
3. Entrée d'une entité dans le périmètre de consolidation en une seule opération ;
4. Autres variations du pourcentage de contrôle ou de détention ;
5. Autres dispositions pour les intégrations globales ;
6. Autres méthodes de consolidation ;
7. Méthodes comptables de groupe ;
8. Modèles d'états financiers et contenu de l'annexe.

Livre III. Comptes combinés :
1. Comptes combinés, dispositions de droit commun ;
2. Comptes combinés, dispositions relatives aux entreprises d'assurance ;
3. Comptes consolidés ou combinés, dispositions spécifiques aux sociétés coopératives agricoles et leurs unions.

5 Règlement européen CE 1606/2002 du 19 juillet 2002

L'article 4 du **règlement européen** sur l'application des normes comptables internationales prévoit notamment que, pour chaque exercice commençant à compter du 1er janvier 2005, les sociétés régies par le droit national d'un État membre sont tenues de préparer leurs comptes consolidés conformément aux normes comptables internationales adoptées dans le cadre de la procédure prévue si, à la date de clôture de leur bilan, leurs titres sont admis à la négociation sur le marché réglementé d'un État membre.

L'article 5 du règlement européen permet aux États membres d'autoriser les sociétés autres que celles visées à l'article 4 à établir leurs comptes consolidés conformément aux normes comptables internationales.

LE + DE L'EXPERT

Cherchez sur Internet les textes régissant l'établissement des comptes consolidés, notamment le Code de commerce (sur legifrance.gouv.fr), le règlement 2020-01 de l'ANC (sur www.anc.gouv.fr) et les normes internationales (sur eur-lex.europa.eu).

22 Détermination du périmètre de consolidation

Mots-clés

Comptes combinés • Comptes consolidés • Contrôle conjoint • Contrôle exclusif • Entité *ad hoc* • Entité associée • Filiale • Groupe de sociétés • Influence notable • Périmètre de consolidation • Société mère

Pour l'article L. 233-16 du Code de commerce, les sociétés commerciales doivent établir et publier chaque année des comptes consolidés « dès lors qu'elles contrôlent de manière exclusive ou conjointe une ou plusieurs autres entreprises ». Il n'y a pas d'obligation de consolidation pour les sociétés qui ne détiennent que des entreprises dites sous influence notable. L'article L. 233-17-2 précise toutefois que « sont comprises dans la consolidation les filiales ou participations contrôlées de manière exclusive ou conjointe ou sur lesquelles est exercée une influence notable ».

1 Notion de périmètre de consolidation

Déterminer le périmètre de consolidation d'un groupe de sociétés consiste à préciser quelles sont les sociétés consolidables et les sociétés non consolidables.

Définition

Le périmètre de consolidation est l'ensemble des entreprises prises en considération pour l'établissement des comptes consolidés par la société consolidante.

Les règles édictées par les articles L. 233-16 à L. 233-28, R. 233-3 à R. 233-16 du Code de commerce et par le règlement relatif aux comptes consolidés (↳ fiche 21) ne sont pas très différentes des règles édictées par les normes comptables internationales, à l'exception des entités sous contrôle conjoint. Le vocabulaire est cependant parfois différent.

2 Notions de contrôle exclusif, de contrôle conjoint et d'influence notable

Ces notions sont définies par les articles L. 233-16 et L. 233-17-2 du Code de commerce, le règlement relatif aux comptes consolidés ainsi que par les normes IFRS 10, IFRS 11 et IAS 28. Les définitions données de part et d'autre sont assez semblables.

A. Définitions du règlement relatif aux comptes consolidés

Entités sous contrôle exclusif

ANC, règlement 2020-01, art. 211-3. Le contrôle exclusif est le pouvoir de diriger les politiques financière et opérationnelle d'une entité afin de tirer avantage de ses activités. Il résulte :
- soit de la détention directe ou indirecte de la majorité des droits de vote dans une autre entité ;

– soit de la désignation, pendant deux exercices successifs de la majorité des membres des organes d'administration, de direction ou de surveillance d'une autre entité ; l'entité consolidante est présumée avoir effectué cette désignation lorsqu'elle a disposé, au cours de cette période, directement ou indirectement, d'une fraction supérieure à 40 % des droits de vote et qu'aucun autre associé ou actionnaire ne détenait, directement ou indirectement, une fraction supérieure à la sienne ;
– soit du droit d'exercer une influence dominante sur une entité en vertu d'un contrat ou de clauses statutaires, lorsque le droit applicable le permet ; l'influence dominante existe dès lors que, dans les conditions décrites ci-dessus, l'entité consolidante a la possibilité d'utiliser ou d'orienter l'utilisation des actifs de la même façon qu'elle contrôle ses propres actifs.

Entités sous contrôle conjoint

ANC, règlement 2020-01, art. 211-4. Le **contrôle conjoint** est le partage du contrôle d'une entité exploitée en commun par un nombre limité d'associés ou d'actionnaires, de sorte que les politiques financière et opérationnelle résultent de leur accord.

Entités sous influence notable

ANC, règlement 2020-01, art. 211-5. L'**influence notable** est le pouvoir de participer aux politiques financière et opérationnelle d'une entité sans en détenir le contrôle. [...]. L'influence notable sur les politiques financière et opérationnelle d'une entité est présumée lorsque l'entité consolidante dispose, directement ou indirectement, d'une fraction au moins égale à 20 % des droits de vote de cette entreprise.

B. Définitions des IFRS (normes comptables internationales)

Entités sous contrôle exclusif

IFRS 10 (annexe A). Le contrôle d'une entité faisant l'objet d'un investissement est ainsi défini : « un investisseur contrôle une entité faisant l'objet d'un investissement lorsqu'il est exposé ou qu'il a droit à des rendements variables en raison de ses liens avec l'entité faisant l'objet d'un investissement et qu'il a la capacité d'influer sur ces rendements du fait du pouvoir qu'il détient sur celle-ci ».

Entités sous contrôle conjoint

IFRS 11 (annexe A). Le contrôle conjoint est le « partage contractuellement convenu du contrôle exercé sur une entreprise (ou une opération), qui n'existe que dans le cas où les décisions concernant les activités pertinentes requièrent le consentement unanime des parties partageant le contrôle ».

Entités sous influence notable

IAS 28 (§ 3.) L'**influence notable** est le pouvoir de participer aux décisions de politique financière et opérationnelle de l'entreprise détenue (appelée par la norme « **entité associée** »), sans toutefois exercer un contrôle ou un contrôle conjoint sur ces politiques.

3 Exceptions à l'obligation de présenter des comptes consolidés

A. Règles françaises

Selon l'article L. 233-17 du Code de commerce, ne sont pas tenues de présenter les comptes consolidés :

- Les sociétés sous le contrôle d'une entreprise qui les inclut dans ses comptes consolidés et publiés ; l'exemption est subordonnée à la condition qu'un ou plusieurs actionnaires de l'entreprise contrôlée représentant au moins le dixième de son capital social ne s'y opposent pas.
- Les sociétés dont l'ensemble constitué avec les entreprises qu'elle contrôle ne dépasse pas pendant deux exercices successifs une taille déterminée par référence à deux de trois critères fixés par décret (chiffre d'affaires : 48 M€ ; total du bilan : 24 M€ ; effectif : 250).

B. Règles internationales

Selon IFRS 10 § 4, une société mère n'a pas l'obligation de présenter des états financiers consolidés si toutes les conditions suivantes sont remplies :

- Il s'agit d'une filiale entièrement détenue, ou encore d'une filiale partiellement détenue par une autre entité et tous ses autres propriétaires, y compris ceux qui ne sont généralement pas habilités à voter, ont été informés que la société mère ne présente pas d'états financiers consolidés et ne s'y opposent pas.
- Ses instruments de dette ou de capitaux propres ne sont pas négociés sur un marché organisé (une bourse des valeurs nationale ou étrangère ou un marché de gré à gré, y compris un marché local ou régional).
- Elle n'a pas déposé, et n'est pas en voie de déposer, ses états financiers auprès d'une autorité de réglementation des valeurs mobilières ou d'une autre autorité de réglementation, aux fins d'émettre des instruments d'une catégorie quelconque sur un marché organisé.
- Sa société mère ultime ou l'une de ses sociétés mères intermédiaires produit des états financiers consolidés mis à la disposition du public, qui sont conformes aux normes IFRS.

4 Exemption à l'obligation d'intégrer toutes les filiales ou participations

A. Règles françaises

Selon l'article L. 233-19 du Code de commerce, une filiale ou une participation peuvent être laissées en dehors de la consolidation lorsque :

- des restrictions sévères et durables remettent en cause substantiellement le contrôle ou l'influence exercée par la société consolidante sur la filiale ou la participation ou les possibilités de transfert de fonds par la filiale ou la participation ;
- les actions ou parts de cette filiale ou participation ne sont détenues qu'en vue de leur cession ultérieure ;
- la filiale ou la participation ne représente, seule ou avec d'autres, qu'un intérêt négligeable par rapport à l'objectif d'image fidèle ;
- les informations nécessaires à l'établissement des comptes consolidés ne peuvent être obtenues sans frais excessifs ou dans des délais compatibles.

B. Règles internationales

En normes IFRS, les états financiers consolidés doivent comprendre toutes les filiales de la société mère, y compris celles dont le contrôle est destiné à être temporaire du fait que la filiale est acquise et détenue exclusivement en vue de sa cession dans un délai de douze mois, lesquelles doivent être comptabilisées selon la norme IFRS 5 « Actifs non courants détenus en vue de la vente et activités abandonnées ».

5 Cas des entités *ad hoc*

Définition

On appelle **entités *ad hoc*** une structure juridique distincte, créée spécifiquement pour gérer une opération ou un groupe d'opérations similaires pour le compte d'une organisation publique ou privée.

L'entité *ad hoc* est structurée ou organisée de manière telle que son activité n'est en fait exercée que pour le compte de cette entreprise, par mise à disposition d'actifs ou fourniture de biens, de services ou de capitaux. En normes françaises comme en normes internationales, une entité *ad hoc* est comprise dans le périmètre de consolidation dès lors qu'une ou plusieurs entreprises contrôlées ont en substance, en vertu de contrats, d'accords, de clauses statutaires, le contrôle de ladite entité.

6 Comptes combinés

Les entités qui constituent un ensemble, mais dont la cohésion ne résulte pas de liens de participation (et qui ne sont pas, de ce fait, en mesure d'établir des comptes consolidés), peuvent préparer des **comptes combinés** afin de présenter les comptes de cet ensemble comme si celui-ci était formé d'une seule entité.

Des comptes combinés peuvent être établis notamment lorsque les entités :
- sont dirigées par la même personne ou un même groupe de personnes ayant des intérêts communs ;
- ont un même propriétaire, personne physique ou membres d'une même famille ;
- appartiennent aux secteurs coopératifs ou mutualistes dans lesquels les différentes organisations, non nécessairement liées juridiquement, forment un ensemble homogène à stratégie et direction communes ;
- sont liées par un accord de partage de résultat suffisamment contraignant pour que les comptes combinés soient plus représentatifs que les comptes isolés de chacune.

Seules les entreprises d'assurance et de réassurance, les coopératives agricoles et leurs unions, les organismes nationaux de sécurité sociale qui gèrent un régime obligatoire et l'État, pour toutes les entités significatives, établissements et sociétés qu'il contrôle, ont l'obligation d'établir des comptes combinés.

LE + DE L'EXPERT

Les définitions du contrôle (exclusif), du contrôle conjoint et de l'influence notable se ressemblent en normes françaises et en normes internationales. Les exceptions à l'obligation de présenter des comptes consolidés et à l'obligation d'intégrer toutes les filiales ou participations sont moins nombreuses en normes internationales.

23 Pourcentages de contrôle et d'intérêts

Mots-clés

Autocontrôle • Périmètre de consolidation • Pourcentage de contrôle • Pourcentage d'intérêts

1 Notions de pourcentage de contrôle et de pourcentage d'intérêts

Définitions

- Le pourcentage de contrôle représente le pourcentage de droits de vote que peut avoir la société consolidante, directement ou indirectement, sur une filiale ou une participation.
- Le pourcentage d'intérêts représente la quote-part du patrimoine de la filiale ou de la participation que possède la société consolidante.

Le pourcentage de contrôle permet de déterminer si une société entre dans le périmètre de consolidation et quelle méthode lui est applicable, alors que le pourcentage d'intérêts permet de déterminer les intérêts majoritaires et minoritaires directs ou indirects, en particulier dans le cas d'une consolidation directe.

2 Détermination des pourcentages de contrôle et d'intérêts

Pour déterminer le pourcentage de contrôle, il y a lieu de calculer le rapport entre le nombre de droits de vote dont dispose directement (ou indirectement) la société mère et le nombre de droits de vote attachés aux titres de la filiale ou de la participation.

Pour déterminer le pourcentage d'intérêts, il y a lieu de calculer le rapport entre le capital qui appartient directement (ou indirectement) à la société mère et le capital de la filiale ou de la participation.

▶ **Exemple**

Alpha est la société mère d'un groupe composé des sociétés Alpha, Bêta et Gamma.
La société Alpha est propriétaire de 6 300 actions Bêta (sur 9 000) dont 1 000 actions à vote double (sur 2 000) et 500 actions à dividende prioritaire sans droit de vote (sur 1 000).
La société Bêta est propriétaire de 4 000 actions Gamma (sur 5 000). Il n'existe pas dans la société Gamma d'actions à vote double et d'actions sans droit de vote.

- Le nombre de droits de vote sur la société Bêta que possède la société Alpha est de 6 300 – 1 000 + 1 000 × 2 – 500 = 6 800.
- Le nombre de droits de vote attachés aux actions de la société Bêta est de 9 000 – 2 000 + 2 000 × 2 – 1 000 = 10 000.
- Le pourcentage de contrôle de A sur B est de 6 800 / 10 000 = 68 %.
- Le pourcentage d'intérêts de A dans B est de 6 300 / 9 000 = 70 %.
- Le nombre de droits de vote sur la société Gamma que possède la société Bêta est de 4 000.
- Le nombre de droits de vote attachés aux actions de la société Bêta est de 5 000.
- Le pourcentage de contrôle de Bêta sur Gamma est de 4 000 / 5 000 = 80 %.
- Le pourcentage d'intérêts de Bêta dans Gamma est de 4 000 / 5 000 = 80 %.

- Le pourcentage de contrôle d'Alpha sur Gamma est le même que celui de Bêta sur Gamma puisque Alpha contrôle Bêta
- Le pourcentage d'intérêts d'Alpha dans Gamma est de 70 % × 80 % = 56 %. ◂

3 Problèmes posés par les participations réciproques ou circulaires

En cas de participations réciproques (celles-ci ne sont autorisées que pour des fractions inférieures à 10 % du capital) ou circulaires, le calcul des pourcentages de contrôle doit tenir compte des actions détenues au titre de l'**autocontrôle**. L'article. L. 233-31 du Code de commerce précise en effet que, lorsque des actions ou des droits de vote sont possédées par une ou plusieurs sociétés dont elle détient directement ou indirectement le contrôle, les droits de vote attachés à ces actions ou ces droits de vote ne peuvent être exercés à l'assemblée générale de la société.

Le calcul des pourcentages d'intérêts s'effectue par la résolution d'un système d'équations à *n* inconnues.

▸ Exemple

Supposons une société A qui possède 80 % des actions et droits de vote d'une société B, laquelle possède 60 % des actions et droits de vote de la société C, laquelle possède 70 % des actions et droits de vote d'une société D, laquelle possède 10 % du capital et des droits de vote théoriques de la société B. tel que le schéma ci-dessous le décrit :

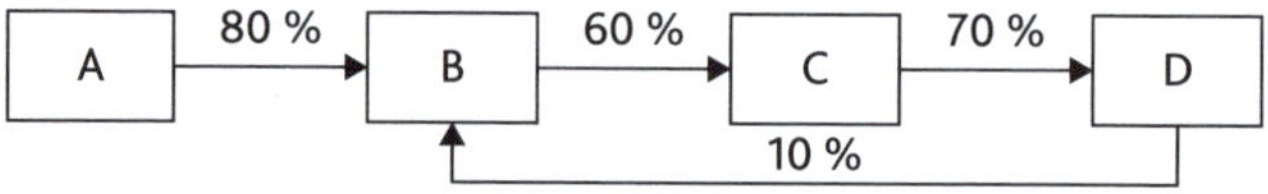

Les actions que D possède n'ont pas le droit aux assemblées de la société B, le pourcentage de contrôle de A sur B est donc de 80 % / (100 % – 10 %) = 88,89 %. Le pourcentage de contrôle de B sur C (et de A sur C) est de 60 %, celui de C sur D (et de A sur C) est de 70 %.
On appellera *b, c, d,* les pourcentages d'intérêts de A sur B, de A sur C et de A sur D.
On peut écrire :
$b = 0{,}80 + 0{,}10\,d$
$c = 0{,}60\,b$
$d = 0{,}70\,c$
ce qui donnera :
$b = 83{,}5$ %
$c = 50{,}1$ %
$d = 35{,}07$ % ◂

LE + DE L'EXPERT

Les pourcentages de contrôle se déterminent à partir des quantités de droits de vote alors que les pourcentages d'intérêts se déterminent à partir des droits de propriété des titres de capital.

24 Méthodes de consolidation

Mots-clés

Activité conjointe • Coentreprise • Comptes consolidés • Contrôle conjoint • Contrôle exclusif • Entité associée • Influence notable • Intégration globale • Intégration proportionnelle • Intérêts minoritaires • Mise en équivalence • Périmètre de consolidation

À chaque type de contrôle (fiche 22) correspond une méthode de consolidation.

1 Types de contrôle en normes françaises

A. Contrôle exclusif

En fonction de la définition du contrôle exclusif (fiche 22), on peut distinguer trois types de contrôle exclusif :

- le contrôle exclusif de droit : détention directe ou indirecte de la majorité des droits de vote ;
- le contrôle exclusif de fait : désignation de majorité des membres des organes d'administration, de direction ou de surveillance ; présomption de contrôle si la détention est supérieure à 40 % des droits de vote ;
- le contrôle exclusif contractuel ou statutaire : droit d'exercer une influence dominante en vertu d'un contrat ou de clauses statutaires.

B. Contrôle conjoint

En fonction de la définition du contrôle conjoint (fiche 22), on peut distinguer trois conditions au contrôle conjoint :

- l'existence d'un contrôle ;
- le partage du contrôle par un nombre limité d'associés ou d'actionnaires ;
- une prise de décision en commun.

C. Influence notable

En fonction de la définition de l'influence notable (fiche 22), on peut analyser les conditions suivantes de l'exercice de cette influence :

- Représentation dans les organes de direction ou de surveillance, participation aux décisions stratégiques, existence d'opérations interentreprises importantes, échange de personnel de direction, liens de dépendance technique.
- Présomption d'influence notable lorsque l'entreprise consolidante dispose, directement ou indirectement, d'une fraction au moins égale à 20 % des droits de vote.

2 Types de contrôle en normes internationales

A. Contrôle (exclusif) d'une entité faisant l'objet d'un investissement

Le contrôle comporte trois critères nécessaires caractérisant les liens entre l'entité détentrice présentant ses comptes consolidés et l'entité détenue susceptible d'être incluse dans le périmètre de consolidation. Ces trois critères sont le pouvoir, l'exposition à la variabilité des rendements de l'entité détenue et la capacité d'utiliser le pouvoir pour influencer le montant des rendements.

Un investisseur détient le pouvoir sur une entité émettrice lorsqu'il a des droits effectifs qui lui confèrent la capacité actuelle de diriger les activités pertinentes, à savoir les activités qui ont une incidence importante sur les rendements de l'entité émettrice. Le pouvoir peut être conféré par les droits de vote ou résulter de circonstances où les droits de vote ne sont pas déterminants (cas des entités *ad hoc* (↳ fiche 22).

B. Contrôle conjoint

L'IFRS 11 distingue deux types de contrôle conjoint (appelés aussi « partenariats ») : l'activité conjointe et la coentreprise.

Définitions

- Une **activité conjointe** est un partenariat dans lequel les parties qui exercent un contrôle conjoint sur l'opération ont des droits sur les actifs et des obligations, au titre des passifs, relatifs à celle-ci.
- Une **coentreprise** est un partenariat dans lequel les parties qui exercent un contrôle conjoint sur l'opération ont des droits sur l'actif net de celle-ci.

Dans un partenariat, l'exercice du pouvoir sur les activités pertinentes exige le consentement unanime des parties signataires de l'accord.

C. Influence notable

Une entité dans laquelle l'investisseur (l'entité détentrice) a une influence notable est appelée **entité associée**.

L'existence de l'influence notable d'une entité associée est habituellement mise en évidence par une ou plusieurs des situations suivantes :
- représentation au conseil d'administration ou à l'organe de direction équivalent de l'entreprise détenue ;
- participation au processus d'élaboration des politiques, et notamment participation aux décisions relatives aux dividendes et autres distributions ;
- transactions significatives entre l'investisseur et l'entreprise détenue ;
- échange de personnels dirigeants ;
- fourniture d'informations techniques essentielles.

3 Méthodes de consolidation en normes françaises

A. Principes généraux

Pour le règlement relatif aux comptes consolidés les méthodes de consolidation sont les suivantes :
- pour les entreprises sous contrôle exclusif, l'**intégration globale** ;
- pour les entreprises sous contrôle conjoint, l'**intégration proportionnelle** ;
- pour les entreprises sous influence notable, la **mise en équivalence**.

B. Intégration globale

ANC, règlement 2020-01, art. 221-2. L'intégration globale consiste à :
– « intégrer dans les comptes de l'entité consolidante les éléments des comptes des entités consolidées, après retraitements éventuels ;

– répartir les capitaux propres et le résultat entre les intérêts de l'entité consolidante et les intérêts des autres actionnaires ou associés dits « intérêts minoritaires » ;
– éliminer les opérations et comptes entre l'entité intégrée globalement et les autres entités comprises dans le périmètre de consolidation »

C. Intégration proportionnelle

ANC, règlement 2020-01, art. 221-3. L'intégration proportionnelle consiste à :
– « intégrer dans les comptes de l'entité consolidante la fraction représentative de ses intérêts dans les comptes de l'entité consolidée, après retraitements éventuels ; aucun intérêt minoritaire n'est donc constaté ;
– éliminer les opérations et comptes entre l'entreprise intégrée proportionnellement et les autres entités comprises dans le périmètre de consolidation »

D. Mise en équivalence

ANC, règlement 2020-01, art. 221-4. La mise en équivalence consiste à :
– « substituer à la valeur comptable des titres détenus, la quote-part des capitaux propres, y compris le résultat de l'exercice déterminés conformément aux méthodes comptables appliquées dans les comptes consolidés ;
– éliminer les opérations et comptes entre l'entité mise en équivalence et les autres entités comprises dans le périmètre de consolidation »

4 Méthodes de consolidation en normes internationales

A. Principes généraux

Les méthodes applicables sont :
– la consolidation (proprement dite) ;
– la mise en équivalence ;
– la consolidation partielle.

Les méthodes applicables sont définies par les normes IFRS 10, IAS 28 et IFRS 11.

La consolidation (proprement dite) s'applique aux filiales, la mise en équivalence aux entités associées et aux coentreprises, la consolidation partielle aux activités conjointes.

B. Consolidation (proprement dite)

Comme dans le cas de l'intégration globale en normes françaises :
- les éléments semblables de la société mère et des filiales sont totalisés ligne par ligne ;
- la valeur comptable de la participation de la société mère dans chaque filiale et la quote-part de la société mère dans les capitaux propres de chaque filiale sont éliminées ;
- les actifs, passifs, capitaux propres, produits, charges, flux de trésorerie relatifs aux transactions entre entités du groupe sont éliminés ;
- les intérêts minoritaires (appelés « participations ne donnant pas le contrôle ») dans le résultat et l'actif net des filiales consolidées sont identifiés séparément des capitaux propres et du résultat de la société mère.

C. Mise en équivalence

IAS 28 § 3. La méthode de la mise en équivalence est une méthode comptable qui consiste à comptabiliser initialement la participation au coût et à l'ajuster par la suite pour prendre en compte les changements de la quote-part de l'investisseur dans l'actif net de l'entité émettrice qui surviennent postérieurement à l'acquisition. Le résultat net de l'investisseur comprend sa quote-part du résultat net de l'entité émettrice, et les autres éléments du résultat global de l'investisseur comprennent sa quote-part des autres éléments du résultat global de l'entité émettrice.

D. Consolidation partielle

IFRS 11 (§ 20). Le coparticipant doit comptabiliser les éléments suivants relativement à ses intérêts dans une activité conjointe :
- « ses actifs, y compris sa quote-part des actifs détenus conjointement, le cas échéant ;
- ses passifs, y compris sa quote-part des passifs assumés conjointement, le cas échéant ;
- les produits qu'il a tirés de la vente de sa quote-part de la production générée par l'activité conjointe ;
- sa quote-part des produits tirés de la vente de la production générée par l'activité conjointe ;
- les charges qu'il a engagées, y compris sa quote-part des charges engagées conjointement, le cas échéant ».

5 Synthèse des méthodes de consolidation

Règlement 2020-01 de l'ANC		Normes IFRS 10 et 11 et IAS 28	
Type de contrôle	Méthode de consolidation	Type de contrôle	Méthode de consolidation
Contrôle exclusif	Intégration globale	Contrôle	Consolidation (proprement dite)
Contrôle conjoint, coentreprises	Intégration proportionnelle	• Contrôle conjoint • Activités conjointes	Consolidation partielle
		• Contrôle conjoint • Coentreprises	Mise en équivalence
Influence notable	Mise en équivalence	• Influence notable	Mise en équivalence

LE + DE L'EXPERT

L'intégration proportionnelle n'existe pas en normes internationales. En IFRS, les coentreprises sont mises en équivalence.

25 Processus de base d'une consolidation

Mots-clés

Comptes consolidés • Consolidation directe • Consolidation par paliers • Intérêts minoritaires • Liasse de consolidation

1 Étapes de la consolidation

En dehors de la définition du périmètre de consolidation (↪ fiches 22 et 23), la consolidation s'effectue, en pratique, selon les étapes suivantes.

A. Retraitement des comptes individuels de l'entité consolidante et des entités intégrées (globalement ou proportionnellement)

Lorsque l'entité établit des comptes consolidés, elle doit procéder aux retraitements relatifs à l'homogénéisation des méthodes et modalités d'évaluation retenues pour la consolidation.

Ces retraitements (appelées aussi opérations de préconsolidation) ont pour but de rendre homogènes les comptes individuels des entités consolidées (↪ fiches 26 à 32).

B. Cumul des données de base

Il s'agit d'établir un bilan et un compte de résultat cumulés des entités intégrées.

C. Élimination des comptes réciproques et des résultats internes

Il s'agit d'éliminer des comptes cumulés (bilan et compte de résultat) les comptes réciproques entre les entités consolidées (comptes clients et fournisseurs par exemple) ou l'effet sur le résultat (ou les réserves) d'opérations effectuées entre les entités consolidées (ex. : cession de stocks, cession d'immobilisations, dividendes) (↪ fiche 33).

D. Mise en équivalence des entités mise en équivalence

Il s'agit de substituer à la valeur comptable des titres détenus, la quote-part des capitaux propres, y compris le résultat de l'exercice déterminé d'après les règles de consolidation (↪ fiche 37).

E. Retraitement des capitaux propres et des titres d'entités intégrées

Il s'agit notamment de séparer les droits sur une filiale revenant à l'entité consolidante de ceux revenant aux intérêts minoritaires. Dans le cas des entités intégrées proportionnellement, aucun intérêt minoritaire n'est constaté (↪ fiche 38).

F. Établissement des états financiers consolidés

En normes françaises, bilan, compte de résultat, annexe ; en normes internationales, état de situation financière, état du résultat net et des autres éléments du résultat global, état des variations des capitaux propres, tableau de flux de trésorerie, notes dites annexes (↪ fiche 40).

2 Schéma d'établissement des comptes consolidés en normes françaises

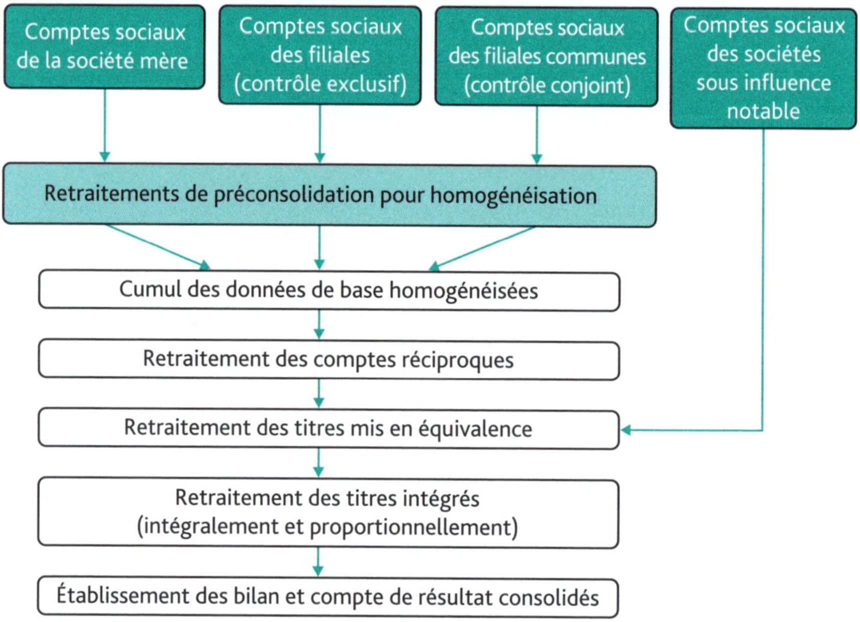

3 Schéma d'établissement des états financiers consolidés en normes internationales

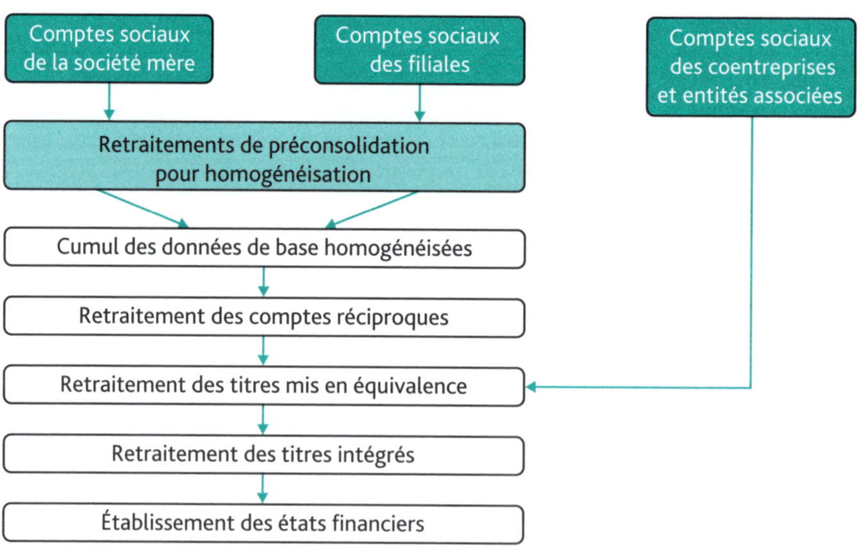

4 Organisation de la consolidation

Les opérations conduisant à la présentation des comptes consolidés peuvent être organisés de différentes manières :

- Généralement, les comptes consolidés sont établis à partir des comptes sociaux des diverses sociétés du groupes mais les travaux de consolidation peuvent être répartis entre les services comptables des filiales et le service de consolidation de la société mère.
- La participation des services comptables des filiales consiste essentiellement en l'établissement d'un document appelé généralement **liasse de consolidation** selon des modalités définies par le service de consolidation de la société mère.

5 Consolidation directe ou consolidation par paliers

Définitions

- La **consolidation directe** consiste à déterminer tout de suite au niveau de la sous-filiale les intérêts qui reviennent à l'entité mère et aux minoritaires (directs et indirects).
- La **consolidation par paliers** consiste à déterminer, au niveau de la sous-filiale, la part qui revient à la filiale et aux minoritaires de la sous-filiale, puis de partager l'actif net de la filiale entre l'entité mère et les minoritaires de la filiale.

▶ **Exemple**

Supposons que la société Alpha possède 80 % du capital de la société Bêta laquelle possède 60 % du capital de la société Gamma. Le pourcentage d'intérêts d'Alpha sur Gamma est de 80 % × 60 % = 48 %.

Dans le cadre d'une consolidation directe, l'écriture de retraitement de la société Gamma fera ressortir que 48 % des capitaux propres reviennent directement à la société mère Alpha alors que 52 % des capitaux propres reviennent aux intérêts minoritaires.

Dans le cadre d'une consolidation par paliers, la même écriture de retraitement fera d'abord ressortir que 60 % des capitaux propres de la société Gamma reviennent à la société Bêta (et devront ensuite être répartis entre Alpha et les minoritaires de Bêta) et 40 % des mêmes capitaux reviennent aux minoritaires.

Si les capitaux propres (résultat inclus) de Bêta sont de 1 000 000 € et ceux de Gamma de 800 000 € et que les titres aient été acquis respectivement pour 600 000 € et 400 000 €, on aurait les écritures de consolidation suivantes :

Consolidation directe

	31.12.N	Débit	Crédit
	Capitaux propres Gamma	800 000	
	Titres de participation (Gamma)		400 000
	Capitaux propres Alpha *800 000 × 48 % – 400 000 × 80 %*		64 000
	Intérêts minoritaires *800 000 × 52 % – 400 000 × 20 %*		336 000
	Consolidation Gamma		

Capitaux propres Bêta	1 000 000	
Titres de participation (Bêta)		600 000
Capitaux propres Alpha *1 000 000 × 80 % – 600 000*		200 000
Intérêts minoritaires *1 000 000 × 20 %*		200 000
Consolidation Bêta		

Consolidation par paliers

31.12.N		
Capitaux propres Gamma	800 000	
Titres de participation (Gamma)		400 000
Capitaux propres Bêta *800 000 × 60 % – 400 000*		80 000
Intérêts minoritaires *800 000 × 40 % –*		320 000
Consolidation Gamma		
Capitaux propres Bêta *1 000 000 + 80 000*	1 080 000	
Titres de participation (Bêta)		600 000
Capitaux propres Alpha *1 080 000 × 80 % – 600 000*		264 000
Intérêts minoritaires *1 080 000 × 20 %*		216 000
Consolidation Bêta		

Les deux méthodes donnent bien entendu les mêmes situations consolidées, à savoir :

- Capitaux propres Alpha 264 000
- Intérêts minoritaires 536 000

Dans cet ouvrage, nous utiliserons la méthode de consolidation directe. ◄

LE + DE L'EXPERT

Le programme du DSCG 4 rénové précise (indication complémentaire n° 5) : « les opérations de consolidation se positionnent dans le cadre de la technique de consolidation directe ».

26 Retraitements de préconsolidation : règles françaises

Mots-clés

Crédit-bail • Frais d'émission • Impôt différé • Monnaie étrangère • Préconsolidation • Prestation de retraite • Prime de remboursement • Provision réglementée

Le règlement 2020-01 de l'ANC présente deux formes de retraitement de préconsolidation : les retraitements obligatoires et les retraitements optionnels.

1 Retraitements obligatoires

A. Écritures passées pour la seule application de législations fiscales

Ces écritures doivent être éliminées. C'est le cas :

- de la constatation ou de la reprise d'amortissements dérogatoires ou d'autres provisions réglementées (↪ fiche 30) ;
- de la comptabilisation en résultat de l'impact des changements de méthodes : dans les comptes consolidés, l'impact du changement déterminé à l'ouverture, après effet d'impôt, est toujours imputé en « report à nouveau » à l'ouverture de l'exercice.

B. Inscription au bilan des contrats de crédit-bail et des contrats similaires

Selon l'article 272-2 du règlement 2020-01 de l'ANC, les contrats de crédit-bail et contrats similaires doivent être comptabilisés chez le preneur :

- au bilan sous forme d'une immobilisation corporelle et d'un emprunt correspondant ;
- au compte de résultat, sous forme d'une dotation aux amortissements et d'une charge financière » (↪ fiche 29).

C. Comptabilisation des coûts d'emprunts

Conformément à l'article 272-4 du règlement 2020-01 de l'ANC, le coût d'un emprunt (les frais d'émission, les primes d'émission, les primes de remboursement) doit être réparti sur la durée de l'emprunt d'une manière appropriée aux modalités de remboursement. Dans les cas (rares) où, dans les comptes sociaux, une autre méthode aurait été utilisée, des écritures de retraitement seraient nécessaires.

D. Comptabilisation en charges des frais d'établissement

Conformément au règlement 2020-01 de l'ANC (art. 272-5), les frais de constitution, de transformation, de premier établissement doivent être comptabilisés en compte de résultat de l'exercice au cours duquel ils ont été encourus. (↪ fiche 28). Il est à noter que le règlement n'évoque pas les frais d'augmentation de capital ou liés aux opérations diverses (fusions, etc.), lesquels peuvent être imputés sur les primes d'émission et de fusion (PCG, art. 212-9).

E. Comptabilisation à l'actif de certains coûts

Les coûts suivants sont comptabilisés à l'actif dès lors qu'ils respectent les critères établis par le PCG et notamment :

- les frais de développement selon les conditions de l'article 212-3 :
- les droits de mutation, honoraires ou commissions et frais d'actes liés à l'acquisition d'un actif visés aux articles 213-8, 213-22, 221-1 et 222-1. (➥ fiche 28).

F. Impôt sur le résultat

Le règlement 2020-01 de l'ANC relatif aux comptes consolidés (art. 272-7 à 272-14) impose de prendre en compte la totalité des **impôts différés** à l'exception des impôts différés actif, sauf si leur récupération ne dépend pas des résultats futurs ou s'il est probable que l'entreprise pourra les récupérer grâce à l'existence d'un bénéfice imposable attendu au cours de cette période.

▸ Exemple

La société Alpha a constaté un bénéfice comptable de 530 000 €, un bénéfice fiscal de 600 000 € et un impôt sur les bénéfices (calculé au taux de 25 %) de 150 000 €.

Le passage du bénéfice comptable au bénéfice fiscal (tableau 2058 A) comprend les éléments suivants :

Bénéfice comptable	**530 000**
Réintégrations	
Impôt sur les bénéfices (taux 25 %)	150 000
Charges comptabilisées en N mais déductibles en N+1	100 000
Provision pour impôt sur plus-values d'expropriation	20 000
	270 000
Déductions	
Charges comptabilisées en N–1 mais déductibles en N	120 000
Plus-values d'expropriation reportées	80 000
	200 000
Bénéfice fiscal : 530 000 + 270 000 – 200 000 =	600 000

Seuls ont été comptabilisés l'impôt exigible et la provision pour impôt.

Pour passer aux comptes établis conformément au règlement 2020-01 de l'ANC (voire aux comptes IFRS), on enregistrera les écritures suivantes :

- *Pour le bilan*

31.12.N	Débit	Crédit
Impôts différés (créance) *100 000 × 25 %*	25 000	
Provision pour impôt	20 000	
Résultat *(120 000 – 100 000) × 25 %*	5 000	
Réserves *120 000 × 25 %*		30 000
Impôts différés (dette) *80 000 × 25 %*		20 000
Retraitement des impôts différés		

- *Pour le compte de résultat*

	31.12.N		
	Charge d'impôt différé *(120 000 + 80 000) × 25 %*	50 000	
	Résultat		5 000
	Dotation aux provisions pour impôt		20 000
	Produit d'impôt différé *100 000 × 25 %*		25 000
	Retraitement des impôts différés		

G. Comptes d'entreprises en monnaies étrangères

Selon les dispositions du règlement 2020-01 de l'ANC (art. 272-15 et s.), pour déterminer le mode de conversion des comptes d'une entreprise consolidée établissant ses comptes en monnaie étrangère, il convient, en déterminant quelle est la monnaie de fonctionnement (ou fonctionnelle) de l'entreprise consolidée, de déterminer son degré d'autonomie par rapport à l'entreprise consolidante (↳ fiche 32).

2 Retraitements optionnels

A. Retraitements liés à l'existence dans le PCG de méthodes de référence ou de méthodes alternatives

Lorsque plusieurs traitements sont autorisés par le PCG, celui-ci distingue, parmi les méthodes comptables, les méthodes de référence et les autres méthodes (PCG art 121-5). La plupart des méthodes de référence et autres méthodes alternatives du PCG sont rendues obligatoires par le règlement 2020-01 de l'ANC.

Seuls, le provisionnement des engagements en matière de pensions et obligations similaires, les contrats à long terme, les coûts d'emprunt engagés pour financer l'acquisition ou la production d'un actif éligible et les dépenses de programmes pluriannuels de gros entretien ou de grandes révisions peuvent, à ce titre, faire l'objet de retraitements optionnels.

Prestations de retraite et prestations assimilées

L'article L 123-13 du Code de commerce oblige les entreprises d'indiquer en annexe le montant des leurs engagements en matière de prestations de retraite et obligations similaires. Par ailleurs, les entreprises peuvent décider d'inscrire au bilan, sous forme de provision, le montant correspondant à tout ou partie de ces engagements.

L'entité peut décider, en ne provisionnant pas les coûts des pensions et prestations assimilées versées à la date du départ à la retraite ou ultérieurement au bénéfice du personnel dans les comptes sociaux, de les présenter différemment dans les comptes consolidés.

Contrats à long terme

L'article 622-2 du PCG autorise la comptabilisation des contrats à long terme selon la méthode à l'achèvement ou selon la méthode à l'avancement, sans considérer (art. 121-5 additif R2) que cette méthode est préférentielle.

Coûts des emprunts

Le PCG autorise que les coûts d'emprunts ayant permis de financer des actifs éligibles, c'est-à-dire des actifs qui exigent une longue période de préparation ou de construction avant de pouvoir être utilisés ou vendus (immobilisations et stocks notamment), peuvent être intégrés dans le coût de ces actifs. Un retraitement peut donc être effectué si l'entité désire, dans ses comptes consolidés intégrer les coûts d'emprunts dans la valeur de l'immobilisation ou du stock concerné alors qu'elle n'a pas retenu cette option dans les comptes sociaux.

Dépenses de gros entretien ou de grandes révisions

L'article 214-10 du PCG permet de constater, sous la forme de provisions, les dépenses d'entretien faisant l'objet de programmes pluriannuels de gros entretien ou de grandes révisions. Ces dépenses peuvent également être comptabilisées comme un composant distinct de l'immobilisation concernée, la méthode de comptabilisation par composants excluant la constatation de provisions. Un retraitement peut être effectué si l'entité a constaté, dans ses comptes sociaux, des provisions pour gros entretien ou grandes révisions (↳ fiche 28).

B. Retraitements spécifiés par le règlement 2020-01 de l'ANC

Les autres traitements optionnels sont définis par le règlement 2020-01 (art. 273-1 à 273-3). Ils concernent les points suivants :

- Les emprunts non remboursables, lesquels peuvent être inscrits en capitaux propres.
- Les réévaluations. En cas de réévaluation dans une entité, il convient soit de l'éliminer dans les comptes consolidés, soit de pratiquer la réévaluation pour l'ensemble du groupe.
- L'évaluation des éléments fongibles (ou éléments interchangeables) en considérant que le premier bien sorti est aussi le dernier bien entré (C. com., art. L. 233-23 al. 1). Cette méthode est limitée à certaines branches d'activité ou à certaines zones géographiques.

LE + DE L'EXPERT

Bien distinguer les retraitements obligatoires, et les retraitements optionnels liés à une méthode préconisée par le PCG ou spécifiés par le règlement sur les comptes consolidés.

27 Retraitements de préconsolidation : règles internationales

Mots-clés

Avantage du personnel • Immobilisation corporelle • Immobilisation incorporelle • Impôt sur le résultat • Location • Préconsolidation • Provision • Stock

Ces retraitements de préconsolidation sont nombreux (fiches 14 à 20) : ils peuvent concerner tous les postes du bilan et du compte de résultat. Ils peuvent être réduits si l'entité, pour ses comptes sociaux, a retenu des options proches des normes internationales.

1 Retraitement des immobilisations

Les retraitements concernent notamment les frais d'acquisition des immobilisations corporelles et des immobilisations incorporelles, les dépenses de gros entretien ou de grandes révisions, les immeubles de placement, la prise en compte du coût des emprunts, les activité abandonnées ou destinées à être cédées, les frais de recherche et de développement (fiche 28).

2 Retraitement des locations

Dans le PCG (art. 212-5) le titulaire d'un contrat de crédit-bail comptabilise en charges les sommes dues au titre de la période de location.

Dans l'IFRS 16 (à l'exception des biens de faible valeur ou des contrats de location de faible durée, inférieure ou égale à un an), à la date de prise d'effet du contrat, le preneur doit comptabiliser un actif au titre du droit d'utilisation et un passif locatif (fiche 29).

3 Retraitement des stocks

Dans leur ensemble, les principes du Plan comptable général sont très proches de ceux de la norme IAS 2 sur les stocks. Cependant des divergences peuvent apparaître dans l'évaluation, compte tenu de certaines options non autorisées par le PCG (amortissement des frais de développement non immobilisés par exemple).

4 Retraitement des dépréciations

Les dépréciations d'actifs (instruments financiers, notamment titres et créances, immobilisations corporelles et incorporelles) sont traitées dans les normes IFRS par les normes :

- IAS 36, qui impose notamment aux entités d'apprécier, à chaque date de *reporting*, s'il existe ou non un indice qu'un actif puisse avoir subi une perte de valeur. Dans ce cas, l'entité doit estimer la valeur recouvrable de l'actif.
- IFRS 9, qui traite de la dépréciation des instruments financiers.
- IAS 2, qui traite de la dépréciation des stocks.

Dans le PCG, cette obligation existe également (art. 214-16). À l'exception des instruments financiers (IFRS 9), il n'existe pas (en principe) de divergence entre le PCG et les normes IFRS.

5 Retraitement des instruments financiers

La norme IFRS 9 distingue de nombreuses catégories d'actifs ou de passifs financiers (↪ fiches 17 et 18) qui ne correspondent pas à ceux du PCG (titres immobilisés, titres immobilisés de l'activité de portefeuille, prêts, titres de placement, emprunts obligataires, créances et dettes diverses, etc.). Comptabilisés conformément au PCG, les actifs et passifs financiers doivent être retraités lorsque les comptes consolidés sont établis conformément aux IFRS (↪ fiche 31).

6 Retraitement des provisions

Depuis le règlement 2000-06 du CRC sur les passifs, le traitement comptable des provisions dans le PCG converge avec l'IAS 37. Quelques exceptions cependant subsistent et notamment les provisions pour gros entretiens ou grandes révisions (non admises en IFRS) et la possibilité d'actualiser les provisions à long terme.

Les provisions réglementées sont traitées de la même manière que dans le cas de retraitement de préconsolidation en normes françaises (↪ fiches 26 et 30).

7 Retraitement des avantages du personnel

S'il n'existe pas de divergence significative entre les normes IFRS et les règles françaises en ce qui concerne les avantages à court terme et les régimes à cotisations définies, il n'en est pas de même des avantages du personnel postérieurs à l'emploi concernant les régimes à prestations définies. Ils portent essentiellement sur les indemnités de départ en retraite et les régimes de retraite complémentaires ou de couverture de prestations maladie des retraités gérés par les entités.

Les engagements de retraite et assimilés doivent être retraités pour les rendre conforme aux IFRS (↪ fiche 19) notamment :

- Lorsque les engagements de retraite (et avantages liés) ne sont pas comptabilisés dans les comptes individuels des entités.
- Lorsque l'entité n'applique pas la méthode actuarielle de la recommandation de l'ANC.

8 Retraitement des produits des activités ordinaires

Les divergences entre PCG et IFRS 15 portent essentiellement sur :

- les dates de comptabilisation des produits ;
- la possibilité de prendre en compte l'actualisation ;
- les contrats à long terme relatifs aux contrats de construction et aux prestations de services (prestations remplies progressivement).

Le PCG autorise deux méthodes de comptabilisation de contrats à long terme s'étalant dans le temps :

- la méthode à l'avancement ;
- la méthode à l'achèvement.

L'IFRS 15 (§ 39) précise que, pour chaque obligation de prestation remplie progressivement, l'entité doit comptabiliser les produits des activités ordinaires progressivement, en évaluant à cette fin la mesure dans laquelle l'obligation est remplie (le degré d'avancement). Si la méthode à l'achèvement est utilisée dans les comptes sociaux, un retraitement est alors nécessaire.

▸ Exemple

La société Alpha a conclu un contrat à long terme avec la société Bêta. Les travaux ont démarré en N–1 et ne seront terminés qu'en N+1. Elle comptabilise ses produits à l'achèvement selon les données suivantes :

Valeur de négociation du contrat :	100 000 €
Dépenses enregistrées en N-1 :	20 000 €
Dépenses enregistrées en N :	48 000 €
Dépenses prévues en N+1 :	12 000 €

Le coût global de ce contrat est estimé à 20 000 + 48 000 + 12 000 = 80 000 € et le résultat espéré est donc de 100 000 – 80 000 = 20 000 € à répartir sur N–1, N et N+1 dans le cadre d'un contrat comptabilisé à l'avancement.

Quote-part imputable en N–1 : 20 000 / 80 000 = 25 %
Quote-part imputable en N : 48 000 / 80 000 = 60 %
Quote-part imputable en N+1 : 12 000 / 80 000 = 15 %
On passera les écritures suivantes (taux IS : 25 %)

- *Pour l'établissement du bilan*

	31.12.N		
	Clients, factures à établir *100 000 × 85 % × 120 %*	102 000	
	État, TVA sur factures à établir *100 000 × 85 % × 20 %*		17 000
	Stock de produits *20 000 + 48 000*		68 000
	Impôts différés *20 000× 85 %× 25 %*		4 250
	Réserves Alpha *20 000× 25 %× 75 %*		3 750
	Résultat Alpha *20 000× 60 %× 75 %*		9 000
	Retraitement contrat à long terme		

- *Pour l'établissement du compte de résultat*

	31.12.N		
	Résultat	9 000	
	Impôts sur les bénéfices	3 000	
	Variation de stock de travaux en cours	48 000	
	Travaux *100 000 × 60 %*		60 000
	Retraitement contrat à long terme		

La notion de résultat extraordinaire n'existant plus en IFRS, il est nécessaire de reclasser tous les comptes de charges et de produits exceptionnels du PCG dans les comptes de charges courantes et de produits courants.

9 Retraitement de l'impôt sur le résultat

La norme IAS 12 « Impôt sur le résultat » impose de comptabiliser tous les actifs et passifs d'impôt différé (sauf dans quelques cas particuliers).

10 Retraitement des variations de cours des monnaies

La norme IAS 21 « Effets des variations des cours des monnaies étrangères » traite deux types de problèmes :

- La présentation des transactions en monnaie étrangère dans la monnaie fonctionnelle. Les différences de conversion constatées dans les comptes transitoires 476 et 477 dans le PCG doivent être comptabilisées directement en résultat en pertes ou gains de change ;
- L'utilisation d'une monnaie de présentation autre que la monnaie fonctionnelle : cette utilisation est celle pratiquée pour la conversion des comptes (↪ fiche 32).

11 Retraitement des changements de méthode, d'estimation et des erreurs

A. Les changements de méthodes et d'estimations comptables

Selon l'IAS 8, lors d'un changement de méthodes comptables, l'entité doit appliquer ce changement de manière rétrospective. En revanche, l'effet d'un changement d'estimation comptable doit être comptabilisé de manière prospective et inclus dans la détermination du résultat de la période du changement et éventuellement des périodes ultérieures. Les méthodes d'IAS 8 ne diffèrent pas fondamentalement des méthodes préconisées par le PCG (art. 122-2 et 122-5).

B. Les corrections d'erreurs

Pour IAS 8, une erreur d'une période antérieure doit être corrigée par retraitement rétrospectif. Selon l'article 122-6 du PCG en revanche les corrections résultant d'erreurs sont comptabilisées dans le résultat de l'exercice en cours duquel elles sont constatées. Il y a donc divergence entre méthode PCG et normes IFRS et un retraitement est nécessaire.

LE + DE L'EXPERT

La connaissance des règles du PCG (qui s'appliquent aux comptes annuels sociaux) et des normes internationales correspondantes est fondamentale pour pouvoir effectuer les retraitements nécessaires.

28 Retraitement des immobilisations

Mots-clés

Actif qualifié • Amortissement • Dépréciation • Immeuble de placement • Immobilisation corporelle • Immobilisation incorporelle • Juste valeur

1 Retraitement des immobilisations corporelles proprement dites

Deux divergences méritent notamment d'être mentionnées pour les immobilisations corporelles entre la norme IAS 16 et le PCG :

- L'option ouverte par le PCG de comptabiliser en charges, dans les comptes individuels, les droits de mutation, honoraires ou commissions et frais d'acte liés à l'acquisition.
- La possibilité offerte par le PCG de constater, sous la forme de provisions, les dépenses d'entretien faisant l'objet de programmes pluriannuels.

Des retraitements sont donc nécessaires pour passer du PCG aux normes IFRS.

▶ Exemple

La société Alpha est propriétaire d'un ensemble à usage de bureau, qu'elle amortit en 50 ans, acquis en janvier N–5. Les frais d'acquisition de cet immeuble (frais d'acte, droits d'enregistrement) se sont élevés à 80 000 € et ont été constatés en charges. D'autre part, la société Alpha doit effectuer tous les 10 ans des travaux de révision et de d'entretien des installations électriques. Le coût moyen de ces révisions a été estimé à 100 000 € en N–5 et chaque année une provision pour gros entretien de 10 000 € est comptabilisée.
Le passage des comptes du PCG aux comptes IFRS impliquera les écritures suivantes :

• Pour l'établissement du bilan

31.12.N		
Constructions – composant structure	80 000	
Résultat *80 000 × 1/50 × 75 %*	1 200	
Amortissement des constructions – composant structure *80 000 × 6/50*		9 600
Réserves *(80 000 – 80 000 × 5/50) × 75 %*		54 000
Impôts différés *(80 000 – 80 000 × 6/50) × 25 %*		17 600
Retraitement frais d'acquisition		
Provisions pour gros entretien ou grandes révisions *10 000 × 6*	60 000	
Impôts différés *60 000 × 25 %*		15 000
Réserves *10 000 × 5 × 75 %*		37 500
Résultat *10 000 × 75 %*		7 500
Annulation provision		
Constructions – composant grosses réparations	100 000	
Constructions – composant structure		100 000
Imputation du composant grosses réparations sur la structure		

Réserves *100 000 / 10 × 5 × 75 %*	37 500	
Résultat *100 000 / 10 × 75 %*	7 500	
Impôts différés *60 000 × 25 %*	15 000	
Amortissements – composant grosses réparations *100 000 / 10 × 6*		60 000
Amortissement du composant		
Amortissements constructions – composant structure *100 000 × 6 /50*	12 000	
Réserves *100 000 / 50 × 5× 75 %*		7 500
Résultat *100 000/ 5 × 75 %*		1 500
Impôts différés *12 000 × 25 %*		3 000
Correction de l'amortissement effectué sur la structure		

• *Pour l'établissement du compte de résultat*

Dotation aux amortissements des immobilisations *80 000 × 1/50*	1 600	
Impôts sur les bénéfices *1 600 × 25 %*		400
Résultat		1 200
Amortissement frais d'acquisition		
Résultat	7 500	
Impôts sur les bénéfices	2 500	
Dotations aux provisions d'exploitation		10 000
Annulation provision pour grosses réparations		
Dotations aux amortissements des immobilisations *100 000 / 10 – 100 000 / 50*	8 000	
Résultat *8 000 × 75 % ou 7 500 – 1 500*		6 000
Impôts sur les bénéfices *8 000 × 25 %*		2 000
Amortissement complémentaire		

2 Retraitement des immeubles de placement

La notion d'**immeuble de placement** n'existe pas dans le PCG. Les immeubles de placement sont comptabilisés comme des autres immobilisations corporelles.

En normes IFRS, les immeubles de placement font l'objet d'une norme particulière, la norme IAS 40, qui prévoit deux méthodes d'évaluation :

- La méthode du coût, semblable à celle d'IAS 16, ou à celle du PCG, avec quelques différences.
- La méthode de la **juste valeur**, le profit ou la perte résultant d'une variation de la juste valeur d'un immeuble de placement devant être comptabilisé en résultat dans la période au cours de laquelle il se produit.

Des retraitements sont donc nécessaires dans ce dernier cas.

3 Retraitement du coût des emprunts

La norme IAS 23 stipule que les coûts d'emprunts ayant permis de financer des actifs (**actifs qualifiés**) qui exigent une longue période de préparation ou de construction avant de pouvoir être utilisés ou vendus (immobilisations et stocks notamment) doivent être intégrés dans le coût de ces actifs. Le PCG permet aussi cette intégration mais ne l'a pas rendu obligatoire. Un retraitement peut donc être nécessaire.

4 Activités abandonnées ou destinées à être cédées

La notion d'activités abandonnées ou destinées à être cédées n'existe pas dans le PCG. IFRS 5 précise qu'une entité doit évaluer un actif non courant (ou un groupe destiné à être cédé) classé comme détenu en vue de la vente au montant le plus bas entre sa valeur comptable et sa juste valeur diminuée des coûts de la vente. Ces actifs ne peuvent plus faire l'objet d'**amortissements**, mais la constatation de **dépréciations** est possible. Dans le cas où une société aurait dans son actif des biens liés à des activités abandonnées ou destinées à être cédées, elle doit corriger son évaluation pour tenir compte de la norme IFRS 5.

5 Retraitement des immobilisations incorporelles

Deux divergences méritent notamment d'être mentionnées pour les **immobilisations incorporelles** entre IAS 38 et le PCG :

- celles sur l'évaluation du coût d'entrée de l'immobilisation : droit de mutation comme pour les immobilisations corporelles ;
- l'activation optionnelle des frais de développement (PCG, article 212-3 al. 2).

▸ Exemple

La société Delta a dépensé respectivement en N–1 et N 40 000 € et 32 000 € pour le développement d'un nouveau produit appelé à être commercialisé en N+1. Ces dépenses ont été comptabilisées en charges. Pour passer du PCG aux normes IFRS, on comptabilisera les opérations suivantes.

• *Pour l'établissement du bilan*

		Débit	Crédit
	31.12.N		
	Immobilisations incorporelles – Frais de développement *40 000 + 32 000*	72 000	
	Impôts différés *72 000 × 25 %*		18 000
	Réserves *40 000 × 75 %*		30 000
	Résultat *32 000 × 75 %*		24 000
	Activation des frais de développement		

• *Pour l'établissement du compte de résultat*

		Débit	Crédit
	31.12.N		
	Résultat	24 000	
	Impôt sur les bénéfices	8 000	
	Production immobilisée – Immobilisations incorporelles		32 000
	Activation des frais de développement		

6 Retraitement des frais d'établissement

Les normes IFRS ne reconnaissent pas comme immobilisations incorporelles les éléments classés par le PCG en frais d'établissement. Ceux-ci doivent être comptabilisés en charges et, pour ce qui concerne les frais d'augmentation de capital, en diminution des primes d'émission.

▶ Exemple

La société Alpha a été constituée le 1er janvier N–2. En N–2 ont été dépensés des frais de constitution pour 20 000 €, comptabilisés en frais d'établissement. Par ailleurs en janvier N, la société Alpha a procédé à une augmentation de capital. Les frais d'augmentation de capital se sont élevés à 40 000 €, comptabilisés en frais d'établissement.
La société Alpha amortit ses frais d'établissement sur 5 ans.
Pour passer du PCG au normes IFRS, il y a lieu de passer les écritures suivantes :

- *Pour l'établissement du bilan*

31.12.N	Débit	Crédit
Amortissement des frais de constitution *20 000 × 3/5*	12 000	
Amortissement des frais d'augmentation de capital *40 000 × 1/5*	8 000	
Prime d'émission *40 000 × 75 %*	30 000	
Impôts différés *(20 000 – 12 000 + 40 000 – 8 000) × 25 %*	10 000	
Réserves *(20 000 – 20 000 × 2/5) × 75 %*	9 000	
Frais de constitution		20 000
Frais d'augmentation de capital		40 000
Résultat *(20 000 + 40 000) / 5 × 75 %*		9 000
Retraitement des frais d'établissement		

- *Pour l'établissement du compte de résultat*

31.12.N	Débit	Crédit
Résultat	9 000	
Impôt sur les bénéfices *12 000 × 25 %*	3 000	
Dotations aux amortissements des immobilisations incorporelles *(20 000 + 40 000) / 5*		12 000
Retraitement des amortissements de frais d'établissement		

LE ✚ DE L'EXPERT

Pour les immobilisations corporelles, les immeubles de placement et les immobilisations incorporelles, comparez les règles applicables en normes internationales et celles du PCG.

29 Retraitement des contrats de location

Mots-clés

Contrat de location • Contrat de location-financement • Taux implicite

1 Principes applicables à la comptabilité du preneur

Dans le PCG, conformément à l'article 212-5, « le titulaire d'un contrat de crédit-bail comptabilise en charges les sommes dues au titre de la période de location. À la levée de l'option d'achat, le titulaire d'un contrat de crédit-bail inscrit l'immobilisation à l'actif de son bilan pour un montant établi conformément aux règles applicables en matière de détermination de la valeur d'entrée ».

Dans l'IFRS 16 (à l'exception des biens de faible valeur ou des contrats de location de faible durée, inférieure ou égale à un an), à la date de prise d'effet du contrat, le preneur doit comptabiliser un actif au titre du droit d'utilisation et un passif locatif.

Dans le règlement 2020-01 de l'ANC, les contrats de location-financement, c'est-à-dire les contrats de crédit-bail et les contrats assimilés ayant pour effet de transférer au preneur la quasi-totalité des risques et des avantages inhérents à la propriété d'un actif doivent être comptabilisés chez le preneur :

- au bilan, sous forme d'une immobilisation corporelle et d'un emprunt correspondant ;
- au compte de résultat, sous forme d'une dotation aux amortissements et d'une charge financière (↳ fiche 26).

Des retraitements sont donc nécessaires pour passer d'une comptabilisation d'un actif « acquis » avec un contrat de location selon les règles du PCG aux règles définies par les normes IFRS ou le règlement relatif aux comptes consolidés.

Étapes du retraitement d'un contrat de location

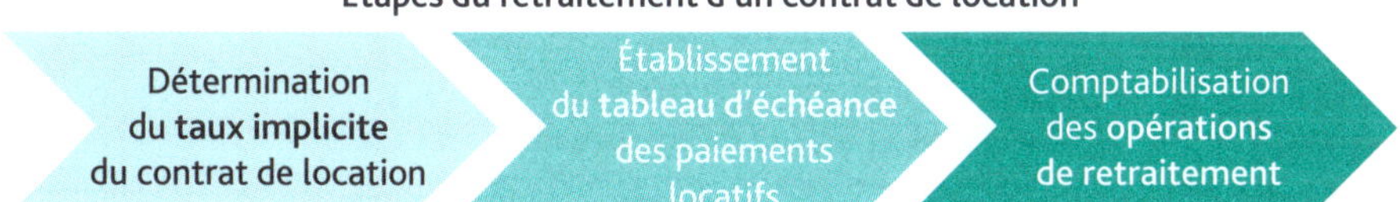

2 Détermination du taux implicite d'un contrat de location

Le taux implicite (↳ fiche 15) est déterminé en fonction de la juste valeur de l'immobilisation en location au début de la période de location, des redevances à verser et du prix d'achat résiduel fixé.

▸ Exemple

La société Alpha utilise, depuis le 1er juillet N–3, une machine-outil dont le financement est assuré, grâce à un contrat de crédit-bail mobilier, par la société financière Oméga. La valeur d'acquisition de ce matériel était alors estimée à 332 000 €. La société Alpha a versé le

1er juillet N–3 un dépôt de garantie de 25 000 € remboursable en fin de contrat. La durée du contrat est de 6 années. La redevance trimestrielle (payée en début de chaque trimestre) est de 15 000 € et le prix de l'option d'achat de l'actif à la fin du contrat le 30 juin N+3 est de 10 000 €. Ce matériel a une durée d'utilisation prévue de 10 ans, sa valeur résiduelle à l'issue de ces 10 années pouvant être estimée à 32 000 €.
Soit i le taux d'actualisation, on peut écrire que (en k€) :

$$332\,000 = 25\,000 + 15\,000 \times \frac{1-(1+i)^{-24}}{i} \times (1+i) + (50\,000 - 25\,000) \times (1+i)^{-24}$$

On trouve $i = 1{,}9386$ %, ce qui donne un taux annuel de $1{,}019386^4 - 1 \approx 8$ %. ◂

3 Établissement d'un tableau d'échéance des paiements locatifs

Dans ce tableau, il faut distinguer pour chaque paiement la somme en capital et la somme en intérêts à chaque échéance.

▸ Exemple

Pour l'exemple présenté ci-dessus, on établira le tableau suivant :

Échéances	Reste dû	Intérêts	Capital	Versements
1.07.N–3	332 000	–	40 000	40 000
1.10.N–3	292 000	5 661	9 339	15 000
1.01.N–2	282 661	5 480	9 520	15 000
1.04.N–2	273 140	5 295	9 705	15 000
1.07.N-2	263 435	5 107	9 893	15 000
1.10.N–2	253 542	4 915	10 085	15 000
1.01.N–1	243 458	4 720	10 280	15 000
1.04 N–1	233 177	4 520	10 480	15 000
1.07.N–1	222 698	4 317	10 683	15 000
1.10.N–1	212 015	4 110	10 890	15 000
1.01.N	201 125	3 899	11 101	15 000
1.04.N	190 024	3 684	11 316	15 000
1.07.N	178 708	3 464	11 536	15 000
1.10.N	167 172	3 241	11 759	15 000
Sous-totaux au 31.12.N		**58 413**	**176 587**	**235 000**
1.01.N+1	155 413	3 013	11 987	15 000
1.04.N+1	143 426	2 780	12 220	15 000
1.07.N+1	131 206	2 544	12 456	15 000
1.10.N+1	118 750	2 302	12 698	15 000
1.01.N+2	106 052	2 056	12 944	15 000
1.04 N+2	93 108	1 805	13 195	15 000
1.07.N+2	79 913	1 549	13 451	15 000
1.10.N+2	66 462	1 288	13 712	15 000
1.01.N+3	52 751	1 023	13 977	15 000

▸

Échéances	Reste dû	Intérêts	Capital	Versements
1.04 N+3	38 773	752	14 248	15 000
1.07.N+3	24 525	475	24 525	25 000
Totaux au 1.07.N+3		**78 000**	**332 000**	**410 000**

4 Comptabilisation des retraitements chez le preneur

▶ Exemple

En reprenant les opérations analysées ci-dessus, on aura les écritures suivantes (en utilisant un compte de liaison que nous appellerons « redevances ») :

• *Pour l'établissement du bilan*

	Libellé	Débit	Crédit
	31.12.N		
	Droit d'utilisation d'un matériel industriel en location	332 000	
	Obligation d'effectuer des paiements locatifs		307 000
	Dépôts et cautionnement versés		25 000
	Immobilisation de la machine-outil acquise en crédit-bail		
	Résultat *(332 000 – 32 000) × 10 % × 75 %*	22 500	
	Réserves *(332 000 – 32 000) × 10 % × 2,5 × 75 %*	56 250	
	Impôts différés *105 000 × 25 %*	26 250	
	Amortissements du droit d'utilisation d'un matériel industriel en location		105 000
	Amortissement de la machine-outil (332 000 – 32 000) × 10 % × 3,5		
	Compte de liaison redevances	210 000	
	Résultat *15 000 × 4 × 75 %*		45 000
	Réserves *15 000 × 10 × 75 %*		112 500
	Impôt différés *210 000 × 25 %*		52 500
	Annulation des redevances 15 000 × 14		
	Résultat *(3 684 + 3 464 + 3 241 + 3 013 = 13 402) × 75 %*	10 052	
	Réserves *[58 413 – (13 402 – 3 013)] × 75 %*	36 018	
	Impôts différés *(58 413 + 3 013) × 25 %*	15 356	
	Obligation d'effectuer des paiements locatifs *176 587 – 25 000*	151 587	
	Compte de liaison redevances		210 000
	Intérêts courus		3 013
	Assimilation de la redevance à un remboursement de capital et à un emprunt		

• Pour l'établissement du compte de résultat

31.12.N		
Dotations aux amortissements des immobilisations	30 000	
Impôts sur les bénéfices		7 500
Résultat		22 500
Amortissement (332 000 – 32 000) × 10 %		
Résultat	45 000	
Impôts sur les bénéfices	15 000	
Redevances de crédit-bail		60 000
Annulation redevance 15 000 × 4		
Charges d'intérêts	13 402	
Impôts sur les bénéfices		3 350
Résultat		10 052
Intérêts		

5 Comptabilisation chez le bailleur

Il convient de distinguer le contrat de location-financement et le contrat de location simple :

- Un contrat de location-financement est un contrat de location qui transfère la quasi-totalité des risques et avantages inhérents à la propriété d'un actif sous-jacent, alors qu'un contrat de location simple est un contrat de location qui ne transfère pas la quasi-totalité de ces risques et avantages.
- Les contrats de location-financement sont présentés comme des créances alors que les contrats de location simple figurent au bilan selon la nature de l'actif (↪ fiche 15).

LE + DE L'EXPERT

Dans les comptes sociaux, chez le preneur, les locations sont comptabilisées comme dans des contrats de location simple. Dans les comptes consolidés établis conformément au règlement 2020-01 de l'ANC, certains contrats peuvent être comptabilisés comme des contrats de location-financement. En normes internationales, ils sont tous comptabilisés comme des contrats de location-financement.

30 Retraitement des provisions réglementées et des subventions

Mots-clés

Amortissement dérogatoire • Provision réglementée • Subvention

1 Notion de provisions réglementées

Définition

Les provisions réglementées sont des « provisions ne correspondant pas à l'objet normal d'une provision et comptabilisées en application de dispositions légales ».

Les provisions réglementées ne revêtent pas un caractère économique prononcé et sont, dans les comptes individuels, une entorse au principe de prééminence de la réalité financière sur l'apparence juridique.

Les provisions réglementées doivent être éliminées dans le cadre du retraitement vers les normes IFRS, comme dans le cadre du retraitement vers les normes françaises applicables aux comptes consolidés.

2 Types de provisions réglementées

On distingue :

- les provisions réglementées proprement dites (provisions relatives aux immobilisations, aux stocks, à d'autres éléments d'actif) ;
- les provisions assimilées à des provisions réglementées (amortissements dérogatoires, provision spéciale de réévaluation, plus-values réinvesties).

3 Retraitements des provisions réglementées à effectuer

L'élimination des provisions réglementées s'effectue selon le processus suivant :

A. Pour l'établissement du bilan

D. Provisions réglementées
C. Impôts différés
C. Réserves (pour la quote-part des provisions à la fin de l'exercice précédent nettes d'impôt)
C ou D. Résultat (pour les dotations et reprises effectuées au cours de l'exercice nettes d'impôt)

B. Pour l'établissement du compte de résultat

D. Impôt sur les bénéfices
D. Reprises sur provisions réglementées
D. Résultat (cas de dotations supérieures aux reprises) ou C. Résultat (cas de dotations inférieures aux reprises)
C. Dotations aux provisions réglementées

▸ Exemple

Vous êtes appelé(e) à effectuer le retraitement des comptes sociaux des sociétés du groupe Alpha. Les comptes d'amortissements dérogatoires de la société mère du groupe est ainsi analysé :

Amortissements dérogatoires au bilan	Dotations de l'exercice	Reprises de l'exercice
30 000	12 000	24 000

Le taux de l'impôt sur les bénéfices est de 25 %. On passera les écritures suivantes :

• *Pour l'établissement du bilan*

31.12.N	Débit	Crédit
Amortissements dérogatoires	30 000	
Résultat Alpha *(24 000 – 12 000) × 75 %*	9 000	
Impôts différés *30 000 × 25 %*		7 500
Réserves Alpha *(30 000 + 24 000 – 12 000) × 75 %*		31 500
Retraitement provisions réglementées Alpha		

• *Pour l'établissement du compte de résultat*

31.12.N	Débit	Crédit
Reprises sur provisions réglementées	24 000	
Dotations aux provisions réglementées		12 000
Impôts sur les bénéfices *(24 000 – 12 000) × 25 %*		3 000
Résultat Alpha		9 000
Retraitement provisions réglementées Alpha		

4 Retraitement des subventions d'investissement

En normes internationales (IAS 20), les **subventions** d'investissements ne sont pas inscrites dans un compte de capitaux propres (compte 13 du PCG), elles peuvent être comptabilisées soit en diminution de l'investissement correspondant, soit le plus souvent en produits constatés d'avance .

Dans ce dernier cas, au bilan, la subvention est exclue des capitaux propres et reclassée en produit constaté d'avance.

Le règlement 2020-01 de l'ANC n'évoque pas ce sujet (↳ **fiche 26**). On doit donc, en normes françaises, laisser au bilan les subventions d'investissements dans la rubrique « Autres Capitaux propres », conformément au PCG.

LE + DE L'EXPERT

Selon les normes internationales, comme selon le règlement 2020-01 de l'ANC, les provisions réglementées ne doivent pas être inscrites dans les comptes consolidés.

31 Retraitement des instruments financiers

Mots-clés

Actif financier • Coût amorti • Couverture • Instrument financier • Juste valeur • Passif financier

Comptabilisés conformément au PCG dont la classification est très différente de celle de la norme internationale IFRS 9 (↪ fiche 27), les instruments financiers doivent être retraités lorsque les comptes consolidés sont établis conformément aux IFRS.

1 Actifs financiers évalués au coût amorti

Lors de la comptabilisation initiale, l'entité doit évaluer l'actif financier à sa juste valeur, majorée des coûts de transaction directement attribuables à l'acquisition de l'actif financier. Lors de comptabilisations ultérieures, l'actif financier est évalué au coût amorti (↪ fiche 18).

▸ **Exemple**

La société Gamma a fait l'acquisition le 1er janvier N–1 de 500 obligations remboursables en bloc dans 5 ans au nominal de 1 000 € et émises à 980 €. Le taux de ces obligations est de 6 % l'an et la société Gamma désire les garder jusqu'à l'échéance. Les frais d'acquisition de ces obligations sont de 1 665 € hors taxes. Le taux effectif de ce placement est estimé à 6,4 %.

Au 1er janvier N–1, la société Gamma a comptabilisé ces obligations (comptes individuels PCG) au débit du compte 2721 « Titres immobilisés – obligations » pour 490 000 €, les frais d'acquisition au compte 6271 « Frais sur titres ». Au 31 décembre N–1 et au 31 décembre N, elle a comptabilisé 500 × 1 000 × 6 %, soit 30 000 € de produits financiers.

Le coût amorti au 1.1.N–1 est de 500 × 980 + 1 665, soit 491 665 €.

On peut ainsi établir le tableau de l'emprunt comme suit :

Dates	Intérêts à 6,4 %	Remboursement + Intérêts	Coût amorti
1.1.N–1			491 665
31.12.N–1	31 467	30 000	493 132
31.12.N	31 560	30 000	494 692
31.12.N+1	31 660	30 000	496 352
31.12.N+2	31 767	30 000	498 119
31.12.N+3	31 881	30 000	500 000

En normes IFRS, et conformément à l'IFRS 9, les comptes de titres de placement à long terme étant tenus au coût amorti, on passera donc les écritures de retraitement suivantes (au 31 décembre N) :

• *Pour le bilan*

	31.12.N		
	Titres immobilises – obligations IFRS au coût amorti	494 692	
	Titres immobilisés – obligations PCG		490 000
	Impôts différés *(494 692 – 490 000) × 25 %*		1 173
	Résultat *(31 560 – 30 000) × 75 %*		1 170
	Réserves *[1 665 + (31 467 – 30 000)] × 75 %*		2 349
	Retraitement obligations		

• *Pour le compte de résultat*

	31.12.N		
	Résultat	1 170	
	Impôt sur les bénéfices	490	
	Revenus des titres immobilisés *(31 560 – 30 000)*		1 560
	Retraitement obligations		

2 Passifs financiers évalués au coût amorti

Lors de la comptabilisation initiale, l'entité doit évaluer le passif financier à sa juste valeur, minorée des coûts de transaction directement attribuables à l'émission du passif financier. Lors de comptabilisations ultérieures, le passif financier est évalué au coût amorti.

► Exemple

La société Delta a émis le 31 décembre N–2 un emprunt de 5 000 obligations de nominal 100 € au taux de 3,3 % sur 20 ans, la valeur de remboursement des obligations étant de 110 €, alors que la valeur d'émission était de 95 €. Les frais d'émission étaient de 14 290 €.

Par rapport à la valeur de remboursement, le taux de l'emprunt est de 3,3 × 100/110 = 3 %.

L'annuité constante de remboursement est $110 \times 5\,000 \times 0{,}03 / (1 - 1{,}03^{-20}) = 36\,968$ €.

Le taux effectif est de 5 %.

On peut ainsi établir le tableau de l'emprunt comme suit (le coût amorti étant fin N-2 égal à 5 000 × 95 – 14 290 = 460 710 €) :

Dates	Intérêts à 5 %	Remboursement Intérêts	Remboursement Capital	Coût amorti
31.12.N–2				460 710
31.12.N–1	23 035	16 500	20 460	446 785
31.12.N	22 339	15 886	21 010	432 228

Pour les fins d'années suivantes, le coût amorti est égal au coût amorti de l'année précédente majoré de l'intérêt de 5 % et diminué des remboursements (intérêts + capital).

5 000 × 100 × 3,3 % = 16 500 ; (36 968 – 16 500) / 110 = 186 obligations remboursées ; 186 × 110 = 20 460

(5 000 – 186) × 100 × 3,3 % = 15 886 ; (36 968 – 15 886) / 110 = 191 obligations remboursées ; 191 × 110 = 21 010

Dans les comptes sociaux de la société Delta (tenus conformément au PCG), au 31 décembre N, on aurait les éléments suivants :

- compte 163 « Emprunt obligataires » : (5 000 – 186 – 191) × 110 = 508 530 ;
- compte 169 « Prime de remboursement des obligations » :
  5 000 × (110 – 95) × 18/20 (amortissement en 20 ans) = 67 500 ;
- compte 4816 « Frais d'émission des emprunts » :
  14 290 × 18/20 (amortissement en 20 ans) = 12 860 ;
- compte 6616 « Intérêts des emprunts et dettes » : 15 886 ;
- compte 6812 « Dotations aux amortissements des charges à répartir » :
  14 290 × 1/20 = 715 ;
- compte 6861 « Dotations aux amortissements des primes de remboursement » :
  5 000 × (110 – 95) × 1/20 = 3 750.

On passera donc les écritures de retraitement suivantes :

• *Pour le bilan*

	31.12.N	Débit	Crédit
	Emprunts obligataires (PCG)	508 530	
	Impôts différés *(67 500 + 12 860 + 432 228 – 508 530) × 25 %*	1 015	
	Résultat *(22 339 – 15 886 – 715 – 3 750) × 75 %*	1 491	
	Réserves *(23 035 – 16 500 – 715 – 3 750) × 75 %*	1 552	
	Primes de remboursement des obligations		67 500
	Frais d'émission des emprunts		12 860
	Emprunts obligataires au coût amorti (IFRS)		432 228
	Retraitement emprunt		

• *Pour le compte de résultat*

	31.12.N	Débit	Crédit
	Intérêts des emprunts et dettes *22 339 – 15 886*	6 453	
	Résultat		1 491
	Impôts sur les bénéfices *(6 453 – 715 – 3 750) ×25 %*		497
	Dotations aux amortissements des charges à répartir		715
	Dotations aux amortissements des primes de remboursement		3 750
	Retraitement emprunt		

3 Actifs financiers évalués à la juste valeur par le biais du résultat net

Lors de la comptabilisation initiale, l'entité doit évaluer l'actif financier à sa juste valeur :

- Si elle diffère du prix de transaction (↪ fiche 18), l'entité doit comptabiliser la différence un profit ou une perte en résultat net.
- Lors de comptabilisations ultérieures, l'entité doit constater les variations de juste valeur dans le résultat net de la période.

▶ Exemple

La société Alpha a fait l'acquisition le 1er juillet N de 200 actions Lambda (société cotée en bourse) au cours de 60 €. Les frais d'acquisition s'élèvent à 1 %. Au 31 décembre N, le cours de l'action Denis est de 62 €. Dans les comptes individuels, ont été débités les comptes 50 « Valeurs mobilières de placement » (pour 12 000 €) et 6271 « Frais sur titres » (pour 120 €). Il y a donc lieu de constater des écritures de retraitement suivantes de ces titres :

• Pour le bilan

	31.12.N		
	Actifs financiers à la juste valeur par le biais du résultat net *200 × 62*	12 400	
	Valeurs mobilières de placement		12 000
	Résultat *(200 × 2) × 75 %*		300
	Impôts différés *(200 × 2) × 25 %*		100
	Retraitement titres de placement		

• Pour le compte de résultat

	31.12.N		
	Résultat	300	
	Impôt sur les bénéfices	100	
	Autres produits financiers *400 – 120*		280
	Frais sur titres		120
	Effet de l'ajustement à la juste valeur des valeurs mobilières		

4 Passifs financiers évalués à la juste valeur par le biais du résultat net

Lors de la comptabilisation initiale, l'entité doit aussi évaluer le passif financier à sa juste valeur (si elle diffère du prix de transaction, l'entité doit comptabiliser la différence comme un profit ou une perte en résultat net). Lors de comptabilisations ultérieures, l'entité doit constater les variations de juste valeur dans le résultat net de la période (↪ fiche 18).

5 Actifs financiers évalués à la juste valeur par le biais des autres éléments du résultat global

Lors de la comptabilisation initiale, l'entité doit évaluer l'actif financier à sa juste valeur, majorée des coûts de transaction directement attribuables à l'acquisition ou à l'émission de l'actif ou du passif financier.

Lors de comptabilisations ultérieures, l'entité doit constater les variations de juste valeur dans les autres éléments du résultat global (↪ fiche 18).

LE ✚ DE L'EXPERT

Même si la procédure suivie est la même, ne confondez pas retraitement des actifs financiers au coût amorti et retraitement des passifs financiers au coût amorti.

32 Retraitement des comptes des entités étrangères

Mots-clés

Cours de clôture • Cours historique • Écart de conversion

Les comptes des entités étrangères doivent être retraités en monnaie de présentation des comptes consolidés. Les écarts de conversion sont enregistrés dans les capitaux propres ou dans le résultat net selon le cas

1 Méthodes de retraitement

A. Méthode du règlement 2020-01 de l'ANC

Le règlement 2020-01 de l'ANC sur les comptes consolidés distingue :

- la méthode du cours de clôture pour les entités ayant une autonomie économique et financière (filiale autonome) ;
- la méthode du cours historique pour les entités n'ayant pas une autonomie économique et financière (filiale non autonome).

Une entité étrangère est considérée comme non autonome lorsque son exploitation fait partie intégrante des activités d'une autre entité. Il en est ainsi :

- lorsque la monnaie nationale de l'entité consolidante est prépondérante sur le plan des opérations ou du financement de l'entité étrangère ;
- lorsque l'entité étrangère a des liens commerciaux ou financiers prépondérants avec l'entité consolidante.

B. Méthode de la norme IAS 21

La norme internationale IAS 21 distingue :

- la présentation des transactions en monnaie étrangère dans la monnaie fonctionnelle (↪ fiche 27) ;
- l'utilisation d'une monnaie de présentation autre que la monnaie fonctionnelle.

On appelle monnaie fonctionnelle (IAS 21) « la monnaie de l'environnement économique principal dans lequel opère l'entité » et monnaie de présentation « la monnaie utilisée pour la présentation des états financiers ».

Pour ce qui concerne les conversions, la norme internationale distingue deux méthodologies :

- la conversion dans la monnaie de présentation (pour les entités ou structures disposant d'une autonomie économique et financière), laquelle s'effectue au cours de clôture ;
- la conversion d'une activité à l'étranger dans la monnaie fonctionnelle (cas d'une filiale vendant uniquement des biens importés de l'entité consolidante et remettant à celle-ci les produits correspondants, par exemple), laquelle s'effectue au cours historique.

Synthèse des méthodes de conversion des comptes des entités étrangères

	Entités disposant d'une autonomie économique et financière (filiale autonome)	Entités ne disposant pas d'une autonomie économique et financière (filiale non autonome)
Méthode du règlement 2020-01	Cours de clôture	Cours historique
Méthode de l'IAS 21	Utilisation d'une monnaie de présentation autre que la monnaie fonctionnelle	Présentation des transactions en monnaie étrangère dans la monnaie fonctionnelle
Conversion monétaire		
Capitaux propres	Taux historique	Taux historique
Résultat (et compte de résultat)	Taux moyen	Taux historique (en principe) ou taux moyen (sauf amortissements et dépréciations sur des éléments convertis au cours historique)
Autres postes Ex : dispo, créances et dettes, provis, charges à payer, autre postes du bilan	Taux de clôture	Taux historique (à l'exception des éléments monétaires, ou des éléments ramenés à leur actuelle par le bais d'une dépréciation, convertis au taux de clôture)
Affectation des écarts de conversion		
Écart sur situation nette d'ouverture	Capitaux propres	Résultat
Écart sur résultat	Néant	Résultat

▸ Exemple

La société Alpha, non cotée sur un marché réglementé, a une participation de 70 % dans une société américaine, la société Kévin. Elle doit consolider celle-ci par intégration globale. Le bilan et le compte de résultat de la société Kévin (établis en k$) sont les suivants :

Bilan au 31 décembre N (en k$)

Immobilisations(a)	5 000	1 000	4 000	Capital (b)	3 000
Stocks	1 000	200	800	Réserves (c)	600
Créances	2 000		2 000	Résultat	400
Disponibilités			200	Dettes	3 000
Totaux			**7 000**	**Totaux**	**7 000**

(a) acquises le 1er juillet N–2 ; (b) participation de Prosper souscrite au moment de la constitution le 1er janvier N–2 ; (c) résultats N-2 (200) et N–1 (400).

Compte de résultat exercice N (en k$)

Achats	4 000	Produits	6 900
Variation de stocks	– 100		
Autres charges	2 000		
Dotations aux amortissements	400		
Dotations aux dépréciations des stocks	200		
Résultat net	400		
Totaux	**6 900**	**Totaux**	**6 900**

Le cours du dollar a varié depuis N-2 de la manière suivante (en $ pour 1 €) : 1er janvier N–2 : 1,20 ; 1er juillet N–2 : 1,25 ; 31 décembre N–2 : 1,28 ; 31 décembre N–1 : 1,32 ; 31 décembre N : 1,40.
Les cours moyens de chaque exercice sont estimés à : N–2 : 1,24 ; N–1 : 1,30 ; N : 1,36.
On considèrera (par mesure de simplification) que les réserves déterminées selon le cours historique sont égales aux réserves déterminées selon le cours de clôture (ce qui n'est pas toujours vrai). On enregistrera les écritures suivantes :

• *Méthode du cours de clôture*

– Pour l'établissement du bilan

31.12.N		
Immobilisations *5 000 / 1,40*	3 571	
Stocks *1 000 / 1,40*	714	
Créances *2 000 / 1,40*	1 429	
Liquidités *200 / 1,40*	143	
Écart de conversion *(par différence)*	406	
Capital *3 000 / 1,20*		2 500
Réserves *200 / 1,24 + 400 / 1,30*		469
Résultat *400 / 1,36*		294
Amortissements *1 000 / 1,40*		714
Dépréciation des stocks *200 / 1,40*		143
Dettes *3 000 / 1,40*		2 143
Conversion postes du bilan société Kévin		

– Pour l'établissement du compte de résultat

31.12.N		
Achats *4 000 / 1,36*	2 941	
Autres charges *2000 / 1,36*	1 471	
Dotations aux amortissements *400 / 1,36*	294	
Dotations aux dépréciations des stocks *200 / 1,36*	147	
Résultat	294	
Variation de stocks *100 / 1,36*		74
Produits *6 900 / 1,36*		5 073
Conversion postes du compte de résultat société Kévin		

• *Méthode du cours historique*

– Pour l'établissement du bilan

31.12.N		
Immobilisations *5 000 / 1,25*	4 000	
Stocks *1 000 / 1,40 (ramenés à leur valeur actuelle)*	714	
Créances *2 000 / 1,40*	1 429	
Liquidités *200 / 1,40*	143	
Capital *3 000 / 1,20*		2 500
Réserves *200 / 1,24 + 400 / 1,30*		469
Résultat *(par différence)*		231
Amortissements *1 000 / 1,25*		800
Dépréciation des stocks *200 / 1,40*		143
Dettes *3 000 / 1,40*		2 143
Conversion postes du bilan société Kévin		

– Pour l'établissement du compte de résultat

31.12.N		
Achats *4 000 / 1,36*	2 941	
Autres charges *2 000 / 1,36*	1 471	
Dotations aux amortissements *400 / 1,25*	320	
Dotations aux dépréciations des stocks *200 / 1,40*	144	
Écart de conversion	9	
Résultat	231	
Variation de stocks *1 000 / 1,36 – 900 (stock initial) / 1,30*		43
Produits *6 900 / 1,36*		5 073
Conversion postes du compte de résultat société Kévin		

2 Cas spécifique des monnaies des pays à forte inflation

Dans le cas d'entités dont la monnaie est celle d'une économie hyperinflationniste, les états financiers des dites entités doivent être libellés dans l'unité de mesure qui a cours à la date de clôture. Tous les montants seront ensuite convertis dans la monnaie de présentation au cours de clôture à la date du dernier bilan.

LE + DE L'EXPERT

Déterminez bien, en normes françaises comme en normes internationales, si l'entité étrangère est autonome ou non.

33 Élimination des comptes réciproques et des résultats internes

Mots-clés

Autocontrôle • Compte réciproque • Dividende • Immobilisation • Résultat interne • Stock

Les comptes consolidés visent à donner une image de l'activité et de la situation de l'entité économique que forment les diverses entités retenues dans le périmètre de consolidation. Sont uniquement retenus :

- les seuls comptes exprimant un actif ou un passif à l'égard des tiers étrangers à l'entité ;
- les seules transactions réalisées avec ces tiers ;
- les seuls résultats provenant d'opérations réalisées avec ces tiers.

Les opérations entre entreprises consolidées ayant une incidence significative sur les bilan et compte de résultat doivent être annulées.

1 Comptes réciproques d'actif et de passif entre entités intégrées

Les comptes réciproques concernés sont notamment les créances/dettes, les prêts/emprunts, les clients/fournisseurs, les autres débiteurs/autres créditeurs, les comptes courants, les effets à recevoir/effets à payer.

Le montant à éliminer est fonction de la méthode de consolidation utilisée. En cas d'intégration proportionnelle, le montant est limité au plus bas des montants constatés.

▶ Exemple

La société Alpha a vendu des marchandises à sa filiale Bêta. Au 31 décembre N, il reste 1 000 000 TTC à régler.
On passera l'écriture suivante :

Pour l'établissement du bilan

	31.12.N		
	Fournisseur Alpha (chez Bêta)	1 000 000	
	Client Bêta (chez Alpha)		1 000 000
	Créance / dette réciproque		

2 Comptes réciproques de produits et de charges entre entités intégrées

Sont notamment concernés : les achats/ventes de biens stockables, les prestations de services, les intérêts, les subventions d'exploitation.

▶ Exemple

En N, la société Alpha a vendu à sa filiale Bêta, dont elle possède 80 % du capital 5 000 000 € HT de produits. On passera l'écriture suivante :

Pour l'établissement du compte de résultat

	31.12.N		
	Ventes (chez Alpha)	5 000 000	
	Achats (chez Bêta)		5 000 000
	Achats / ventes réciproques		

3 Cessions internes de stocks

Lorsqu'une entreprise intégrée vend à une autre entreprise intégrée des produits (ou des marchandises), elle réalise un bénéfice (généralement) interne sur la cession de ces produits. Ce bénéfice vient en diminution du résultat réalisé par la seconde entreprise lorsque celle-ci revend (après éventuellement transformation) le produit à l'extérieur. Le total des bénéfices réalisés par ces deux entreprises est donc indifférent quel que soit le prix de cession interne.

Lorsque la seconde entreprise n'a pas revendu le produit, les comptes cumulés dégagent sur le **stock** un **résultat interne** qu'il faut régulariser. On tiendra compte d'un impôt payé d'avance sur ce résultat interne.

▶ Exemple

En N, la société Alpha a vendu à sa filiale Bêta, dont elle possède 80 % du capital 5 000 000 € HT de produits (dont 1 000 000 € TTC restent à régler le 31 décembre). La marge moyenne réalisée est de 20 %. Au 31 décembre N, il reste en stock 840 000 € de ces produits chez Bêta ; il en restait 570 000 € au 31 décembre N–1.
On passera les écritures suivantes :

• *Pour l'établissement du bilan*

	31.12.N		
	Impôts différés *168 000 × 25 %*	42 000	
	Réserves Alpha *570 000 × 20 % × 75 %*	85 500	
	Résultat Alpha *(840 000 – 570 000) × 20 % × 75 %*	40 500	
	Stocks *840 000 × 20 %*		168 000
	Retraitement des stocks		

• *Pour l'établissement du compte de résultat*

	31.12.N		
	Variation de stocks *(840 000 – 570 000) × 20 %*	54 000	
	Impôt sur les bénéfices *54 000 × 25 %*		13 500
	Résultat		40 500
	Retraitement des stocks		

4 Cessions internes d'immobilisations

Lorsqu'une société intégrée vend à une autre société intégrée une **immobilisation**, elle réalise (généralement) une plus-value de cession que l'on peut qualifier d'interne (et qui sera imposée). La société acquéreuse peut cependant constater un amortissement plus important (si l'immobilisation est amortissable).

Les plus-values dégagées sur des immobilisations cédées à l'intérieur du groupe ainsi que les suppléments d'amortissements constatés doivent être annulés.

▶ Exemple

Le 1er avril N–1, la société Bêta, filiale à 80 % de la société Alpha, a vendu à la société Alpha un ensemble immobilier acquis le 1er avril N–6 pour 1 000 000 € (dont 200 000 € pour le terrain) et amortissable en 20 ans (valeur résiduelle de la construction : 400 000 €). Le prix a été fixé à 1 200 000 € (dont 260 000 € pour le terrain), l'amortissement devant se terminer le 1er avril N+14.
On passera les écritures suivantes :

• *Pour l'établissement du bilan*

	31.12.N	Débit	Crédit
	Réserves Alpha *(60 000 + 240 000) × 80 % × 75 %*	180 000	
	Intérêts minoritaires sur capital et réserves *(60 000 + 240 000) × 20 % × 75 %*	45 000	
	Impôts différés *(60 000 + 240 000) × 25 %*	75 000	
	Terrains *260 000 – 200 000*		60 000
	Constructions *940 000 – [800 000 – (800 000 – 400 000) × 5 % × 5]*		240 000
	Annulation plus-value sur construction		
	Constructions (ou amortissements constructions) *16 000 × 1,75*	28 000	
	Réserves Alpha *16 000 × 0,75 × 75 %*		9 000
	Résultat Alpha *16 000 × 75 %*		12 000
	Impôts différés *28 000 × 25 %*		7 000
	Retraitement des amortissements		
	Amortissement nouveau (940 000 – 400 000) / 15 = 36 000		
	Amortissement ancien (800 000 – 400 000) / 20 = 20 000		
	36 000 – 20 000 = 16 000		

• *Pour l'établissement du compte de résultat*

	31.12.N	Débit	Crédit
	Résultat	12 000	
	Impôt sur les bénéfices *16 000 × 25 %*	4 000	
	Dotations aux amortissements		16 000
	Retraitement des amortissements		

5 Dividendes internes

Les **dividendes** de la filiale touchés par la société mère sont en fait des résultats d'exercices précédents qui doivent être considérés comme des réserves : il est nécessaire de les virer à ce compte. Les dividendes n'étant pas imposés (régime des sociétés mères et des filiales), il n'y a pas lieu en général de tenir compte d'une fiscalité incidente.

▸ Exemple

La société Alpha possède au 31 décembre N, 80 % du capital de la société Bêta et 30 % de la société Gamma. Les sociétés Alpha, Bêta, Gamma ont distribué respectivement en N : 5 000 000 €, 1 500 000 €et 1 000 000 € de dividendes.
On passera les écritures suivantes :

Pour l'établissement du bilan

	31.12.N		
	Résultat Alpha	1 500 000	
	Réserves Alpha		1 500 000
	Dividendes du groupe reçus par Alpha		
	1 500 000 × 80 % + 1 000 000 × 30 %		

Pour l'établissement du compte de résultat

	31.12.N		
	Produits financiers	1 500 000	
	Résultat		1 500 000
	Dividendes du groupe reçus par Alpha		

6 Titres d'autocontrôle

Lorsque des actions ou des droits de vote d'une société sont possédés par une ou plusieurs sociétés dont elle détient directement ou indirectement le contrôle, il y a **autocontrôle** et – dans le droit français notamment (article L. 233-31 du Code de commerce) – les droits de vote attachés à ces actions ou ces droits de vote ne peuvent être exercés à l'assemblée générale de la société.

Dans le cadre de la présentation des comptes consolidés, ces titres doivent être annulés. Serait crédité le compte « Titres de participation » et seraient débités les comptes « Capital » et « Réserves ».

7 Cas des entités mises en équivalence

Dans le cadre d'entités mises en équivalence, pour les opérations n'ayant aucune incidence sur les résultats, les comptes d'actif et de passif et les comptes de produits et charges réciproques ne doivent pas être retraités, les comptes correspondants des entités mises en équivalence n'étant pas intégrés.

En revanche, selon l'article 262-4 du règlement 2020-01 de l'ANC, les résultats internes compris dans les stocks, les placements, les immobilisations et autres actifs provenant d'opérations réalisées entre les entités dont les titres sont mis en équivalence et les entités dont les comptes sont intégrés globalement ou proportionnellement, voire entre entités sous influence notable, doivent être éliminés. Ces ajustements sont également spécifiés par la norme IAS 28.

LE + DE L'EXPERT

Dans le cadre de cessions internes, appliquez bien l'annulation des plus-values dégagées à l'entité qui les a comptabilisées.

34 Écarts d'évaluation

Mots-clés

Écart d'évaluation • Prise de contrôle • Regroupement d'entreprises

1 Notions d'écart d'évaluation

Lors d'une entrée dans un groupe, les actifs et passifs identifiables doivent être inscrits à leur valeur d'entrée déterminée en fonction de l'usage prévu par l'entreprise consolidante.

Définition

On appelle écarts d'évaluation (règlement 2020-01 de l'ANC, art. 231-9) la différence entre la valeur d'entrée dans le bilan consolidé et la valeur comptable du même élément dans l'entité contrôlée retraité aux normes comptables du groupe.

2 Évaluation des écarts d'évaluation en normes françaises

Les écarts d'évaluation doivent porter sur des actifs et passifs identifiables, inscrits au bilan consolidé à leur valeur d'entrée déterminée en fonction de l'usage prévu par l'entreprise consolidante. Ce principe peut conduire à la comptabilisation, par l'entité consolidante, de certains actifs et passifs que l'entité acquise n'avait pas précédemment comptabilisés dans ses comptes individuels.

L'évaluation de la valeur d'entrée d'un actif tient compte de l'utilisation envisagée par l'acquéreur. La valeur d'entrée des actifs destinés à être cédés est déterminée sur la base du prix de cession probable minoré des frais de cession.

Les dettes et créances d'impôts différés attachées aux écarts d'évaluation doivent être pris en compte (à l'exception des passifs d'impôts différés provenant de la comptabilisation des écarts d'évaluation portant sur des actifs incorporels généralement non amortis ne pouvant être cédés séparément de l'entreprise acquise).

3 Évaluation des écarts d'évaluation en normes IFRS

La norme IFRS 3 relative aux regroupements d'entreprises (§ 18) précise que l'acquéreur doit évaluer les actifs identifiables acquis et les passifs repris à leur juste valeur à la date d'acquisition.

L'application de ce principe peut aboutir à la comptabilisation de certains actifs et passifs que l'entreprise acquise n'avait pas précédemment comptabilisés en tant qu'actifs et passifs dans ses états financiers (passifs éventuels repris à l'occasion d'un regroupement d'entreprises).

4 Comptabilisation des écarts d'évaluation

Les écarts d'évaluation sont enregistrés au débit (ou au crédit) du compte d'actif (ou de passif) correspondant à la date de prise de contrôle.
La contrepartie est enregistrée en impôt différé et en capitaux propres (résultat de l'exercice de la prise de contrôle, réserves pour les exercices suivants).
Ces écarts d'évaluation sont amortis sur la durée restant à courir des immobilisations correspondantes.

▸ Exemple

La société Alpha a pris le contrôle le 1er janvier N-3 de la société Bêta, en faisant l'acquisition de 80 % du capital de cette dernière.

Il y a lieu de tenir compte des valeurs suivantes au 1er janvier N-3 :

Éléments d'actif identifiables	Valeurs comptables	Valeurs d'utilité (juste valeur)	Durée d'amortissement
Terrains d'exploitation	120 000	153 000	–
Constructions d'exploitation	600 000	750 000	20 ans
Terrains hors exploitation	80 000	100 000	–
Constructions hors exploitation	200 000	250 000	20 ans

Les terrains et constructions hors exploitation sont destinés à être vendus. Les frais de vente sur ces immobilisations sont estimés à 5 % du prix de vente. Au 31 décembre N, la vente n'a toujours pas été effectuée et les valeurs vénales sont semblables à celles au 1er janvier N–3. On passera les écritures suivantes (consolidation directe) pour l'établissement du bilan (normes françaises : absence d'impôt différé sur les éléments non amortissables gardés) :

		Débit	Crédit
	31.12.N		
	Terrains d'exploitation *153 000 – 120 000*	33 000	
	Constructions d'exploitation *750 000 – 600 000*	150 000	
	Terrains hors exploitation *100 000 × 95 % – 80 000*	15 000	
	Constructions hors exploitation *250 000 × 95 % – 200 000*	37 500	
	Impôts différés *(150 000 + 15 000 + 37 500) × 25 %*		50 625
	Réserves Alpha *(33 000 + 150 000 + 15 000 + 37 500 – 50 625) × 80 %*		147 900
	Intérêts minoritaires sur capital et réserves *33 000 + 150 000 + 15 000 + 37 500 – 50 625) × 20 %*		36 975
	Écart d'évaluation société Bêta		
	Résultat Alpha *150 000 / 20 × 75 % = 5 625 × 80 %*	4 500	
	Intérêts minoritaires sur résultat *5 625 × 20 %*	1 125	
	Réserves Alpha *4 500 ×3*	13 500	
	Intérêts minoritaires sur capital et réserves *1 125 ×3*	3 375	
	Impôts différés *30 000 × 25 %*	7 500	
	Constructions d'exploitation *150 000 × 4/20*		30 000
	Amortissement. Absence d'amortissement sur les constructions hors exploitation dont la juste valeur est restée inchangée.		

LE ✚ DE L'EXPERT

L'écart d'évaluation se détermine à compter de la prise de contrôle. Il s'amortit ensuite sur la durée d'utilisation des biens concernés.

35 Écarts d'acquisition en normes françaises

Mots-clés

Amortissement • Dépréciation • Écart d'acquisition

Selon le règlement 2020-01 de l'ANC (art. 231-9) la différence entre le coût d'acquisition des titres et l'évaluation totale des actifs et passifs identifiés à la date d'acquisition constitue l'écart d'acquisition. Cet écart peut être positif ou négatif.

1 Évaluation de l'écart d'acquisition positif

La valeur d'acquisition des titres de participation et la juste valeur des actifs et passifs identifiables doivent être comparées.

▸ Exemple

Alpha a fait l'acquisition le 1er janvier N–2 pour 800 000 € de 60 % du capital de la société Bêta. À cette date, les actifs et passifs identifiables évalués à leur juste valeur (tenant compte des écarts d'évaluation tels qu'ils ont été déterminés) sont de 1 100 000 €. La quote-part d'intérêt de la société Alpha dans la valeur de ces actifs et passifs identifiables est de 1 100 000 × 60 % = 660 000 €. L'écart d'acquisition est donc de 800 000 – 660 000, soit 140 000 €. ◂

2 Évaluation de l'écart d'acquisition négatif

Un écart d'acquisition négatif correspond généralement :

- soit à une plus-value potentielle du fait d'une acquisition effectuée dans des conditions avantageuses ;
- soit à une rentabilité insuffisante de l'entreprise acquise.

Toutefois, lors de l'acquisition, les actifs incorporels identifiables qui ne peuvent pas être évalués en référence à un marché actif ne doivent pas être comptabilisés au bilan consolidé s'ils conduisent à créer ou à augmenter un écart d'acquisition négatif.

▸ Exemple

La société Alpha a pris, le 1er janvier N, le contrôle de la société Gamma en acquérant 80 % du capital de cette société pour 3 000 000 €

Au moment de la prise de contrôle, les capitaux propres de Gamma (après retraitements éventuels comme ceux relatifs aux provisions réglementées) s'élevaient à 3 600 000 €.

Par ailleurs, les actifs identifiables de Gamma dégageaient une plus-value latente de :

– sur les marques	100 000 €
– sur les terrains	80 000 €
– sur des constructions amortissables en 20 ans	200 000 €

Les marques peuvent être cédées indépendamment de la société acquise.

Si l'on tenait compte de la juste valeur de tous les actifs apportés, le montant des capitaux propres (corrigés) de la société Gamma s'élèverait à :

3 600 000 + (100 000 + 80 000 + 200 000) × 75 %, soit 3 885 000 €.

Dans ce cas, l'écart d'acquisition négatif serait de : 3 885 000 × 80 % – 3 000 000, soit 108 000 €. Les marques ne pouvant être cédées séparément, elles ne peuvent pas faire l'objet d'une évaluation sur un marché actif. Dans le cas où les plus-values estimées sur ces marques conduisent à augmenter – voire à créer – un écart d'acquisition négatif, elles ne doivent pas être prises en compte dans la détermination de l'écart d'acquisition négatif. En définitive, le montant des capitaux propres à prendre en compte sera de : 3 600 000 + (80 000 + 200 000) × 75 %, soit 3 810 000 €, et l'écart d'acquisition négatif sera de 3 810 000 × 80 % – 3 000 000, soit 48 000 €. ◂

3 Comptabilisation de l'écart d'acquisition positif

Les écarts d'acquisition positifs sont constatés à l'actif dans un compte spécifique « Écart d'acquisition » qui est placé dans le bilan dans les immobilisations incorporelles.

L'écart d'acquisition ne concerne pas les intérêts minoritaires comme le fait, en normes internationales, le *full goodwill* (↪ fiche 36).

4 Amortissement et dépréciation de l'écart d'acquisition positif

L'écart d'acquisition positif fait généralement l'objet d'un **amortissement** sur une durée qui doit refléter, aussi raisonnablement que possible, les hypothèses retenues et les objectifs fixés et documentés lors de l'acquisition.

Code de commerce, art. R. 233-5. L'écart d'acquisition comptabilisé à l'actif est rapporté au résultat sur sa durée d'utilisation. Dans des cas exceptionnels, lorsque sa durée d'utilisation ne peut être déterminée de façon fiable, il est amorti sur une période de dix ans.

Que sa durée d'utilisation soit limitée ou non, l'écart d'acquisition comptabilisé à l'actif fait l'objet d'une **dépréciation** lorsque sa valeur d'inventaire est inférieure à sa valeur comptable si l'on prévoit que la perte de valeur sera durable. Ces dépréciations ne sont jamais reprises.

L'article 231-1 du règlement 2020-01 de l'ANC prévoit également que, en l'absence de limite prévisible à la durée pendant laquelle l'écart d'acquisition procurera des avantages économiques au groupe, ce dernier ne soit pas amorti.

▸ **Exemple**

La société Alpha a pris, le 1er juillet N, le contrôle de Bêta en faisant l'acquisition de 60 % du capital de cette société pour 3 000 000 €. Au moment de la prise de contrôle, les capitaux propres de cette société (après retraitements éventuels) s'élevaient à 4 500 000 €.

L'écart d'acquisition (positif) est donc de 3 000 000 – 4 500 000 × 60 % = 300 000 €. Si cet écart devait s'imputer sur les résultats de 10 années, on passerait les écritures suivantes) pour N :

• Pour l'établissement du bilan

	Écart d'acquisition sur titres Bêta Réserves Alpha *Écart d'acquisition positif au 1er juillet N*	300 000	 300 000
	Résultat Écart d'acquisition sur titres Bêta *Amortissement de l'écart d'acquisition positif au 31 décembre N : 300 000 × 10 % × 6/12*	15 000	 15 000

• Pour l'établissement du compte de résultat

	Dotations aux amortissements des écarts d'acquisition Résultat *Amortissement de l'écart d'acquisition positif au 31 décembre N*	15 000	 15 000

Schéma de traitement de l'écart d'acquisition positif en normes françaises

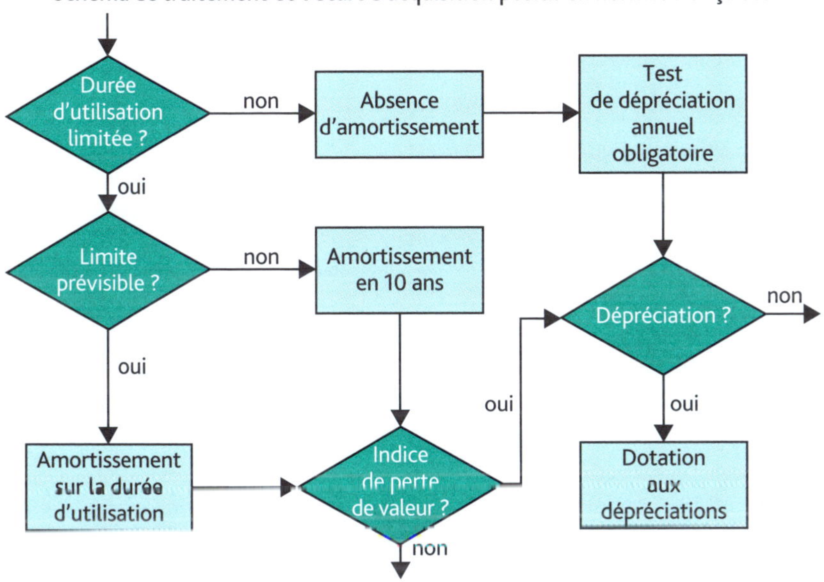

5 Comptabilisation de l'écart d'acquisition négatif

Les écarts d'acquisition négatifs sont portés en provisions pour risques et rapportés chaque année au résultat sur une durée qui doit refléter les hypothèses retenues et les objectifs fixés lors de l'acquisition.

▶ Exemple

La société Alpha a pris, le 1er juillet N, le contrôle de la société Bêta en acquérant 60 % du capital de cette société pour 2 400 000 €. Au moment de la prise de contrôle, les capitaux propres de cette société (après retraitements éventuels) s'élevaient à 4 500 000 €. L'écart d'acquisition (négatif) est donc de 4 500 000 × 60 % – 2 400 000, soit 300 000 €. Si cet écart doit s'imputer sur les résultats de 5 années, on passera les écritures suivantes pour N :

• Pour l'établissement du bilan

	Libellé	Débit	Crédit
	Titres de participation Bêta	300 000	
	Provisions pour risques		300 000
	Écart d'acquisition négatif au 1er juillet N		
	Provisions pour risques	30 000	
	Résultat		30 000
	Amortissement de l'écart d'acquisition négatif au 31 décembre N : 300 000 × 20 % × 6/12		

• Pour l'établissement du compte de résultat

	Libellé	Débit	Crédit
	Résultat	30 000	
	Reprise sur provisions pour risques et charges		30 000
	Amortissement de l'écart d'acquisition négatif au 31 décembre N		

Remarque méthodologique : alors que nous avons imputé les écarts d'acquisition positifs sur les capitaux propres, nous préférons imputer les écarts d'acquisition négatifs, qui représentent un boni relevant d'une acquisition avantageuse, sur les titres de participation en ajustant la valeur de ceux-ci à une valeur d'acquisition ne tenant pas compte de cet avantage. Cette méthode facilite par la suite le traitement des titres des entités intégrées en neutralisant les écarts.

LE + DE L'EXPERT

En normes françaises, selon le cas, l'écart d'acquisition peut faire l'objet d'un amortissement, depuis la prise de contrôle, ou d'une dépréciation.

36 Écarts d'acquisition en normes internationales

Mots-clés

Dépréciation • Écart d'acquisition • *Goodwill* • Regroupement d'entreprises

Définition

Le **goodwill** est défini par la norme IFRS 3 comme un « actif représentant les avantages économiques futurs résultant des autres actifs acquis lors d'un **regroupement d'entreprises** qui ne sont pas identifiés individuellement et comptabilisés séparément ».

La notion de *goodwill* en IFRS correspond à la notion d'**écart d'acquisition** en règles françaises.

1 Évaluation du *goodwill* positif

Compte tenu de cette possibilité offerte par la norme IFRS 3, deux méthodes d'évaluation du *goodwill* peuvent être envisagées :

- une évaluation affectée simplement à l'acquéreur (méthode dite du *purchase goodwill* ou du *goodwill* partiel) ;
- une évaluation affectée à la fois à l'acquéreur et aux intérêts minoritaires, méthode dite du *full goodwill* ou du *goodwill* total ou complet.

A. Évaluation du *goodwill* partiel

Le *goodwill* doit être évalué comme étant l'excédent du coût du regroupement d'entreprises sur la part d'intérêt de l'acquéreur dans la juste valeur nette des actifs, passifs et passifs éventuels identifiables repris.

▸ Exemple

La société Alpha a fait l'acquisition le 1er janvier N–1, pour 900 000 €, de 60 % du capital de Bêta. À cette date, les actifs et passifs identifiables évalués à leur juste valeur (tenant compte des écarts d'évaluation tels qu'ils ont été déterminés ↪ fiche 34) sont de 1 200 000 €.
La quote-part d'intérêts de la société Alpha dans la valeur de ces actifs et passifs identifiables est de 1 200 000 × 60 % = 720 000 €.
Le *goodwill* est donc de 900 000 – 720 000 = 180 000 €. ◂

B. Évaluation du *goodwill* total

L'acquéreur doit évaluer la juste valeur de l'entité acquise, dans sa totalité, à la date d'acquisition. Elle dégagera un *goodwill* égal à la différence entre la juste valeur de l'entité acquise et la juste valeur des actifs, passifs et passifs éventuels identifiables.

▸ Exemple (suite)

Les titres Bêta acquis par la société Alpha dans l'exemple ci-dessus sont évalués à 900 000 €. La valeur de la société Bêta pourrait se déduire de cette valeur de titre de la manière suivante : 900 000 / 60 % = 1 500 000 €.

Le *goodwill* total serait donc égal à :

– valeur globale de l'entité	1 500 000
– valeur globale des actifs et passifs identifiables	1 200 000
– *goodwill*	300 000

Ce *goodwill* serait partagé entre les majoritaires pour 300 000 × 60 % = 180 000 € et les minoritaires pour 300 000 × 40 % = 120 000 €.

Dans le cas où on considérerait que les valeurs des participations des majoritaires et des minoritaires ne sont pas équivalentes, par exemple 900 000 € pour les 60 % de titres détenus par les majoritaires et 550 000 € (au lieu de 600 000 comme ci-dessus) par les minoritaires.

Le *goodwill* total serait donc égal à :

– valeur globale de l'entité 900 000 + 550 000	1 450 000
– valeur globale des actifs et passifs identifiables	1 200 000
– *goodwill*	250 000

Ce *goodwill* serait partagé entre *goodwill* revenant aux majoritaires 180 000 € (comme ci-dessus) et *goodwill* revenant aux minoritaires 70 000 €, soit 550 000 – 1 200 000 × 40 %. ◂

2 Évaluation du *goodwill* négatif

Le *goodwill* négatif correspond, pour la part revenant à l'acquéreur, soit à une prévision de perte ou de défaut de rendement, soit, le cas échéant, à une plus-value potentielle du fait d'une acquisition effectuée dans des conditions avantageuses. La norme IFRS 3 ne prévoit qu'une seule méthode pour la détermination du *goodwill* négatif, le gain étant attribué à l'acquéreur.

▸ Exemple

La société Alpha a pris, le 1er janvier N, le contrôle de la société Bêta faisant l'acquisition de 80 % de capital de cette société pour 2 100 000 €. Au moment de la prise de contrôle, les capitaux propres de Gamma (après retraitements et réajustements éventuels) s'élevaient 2 500 000 €. Le *goodwill* négatif est donc de : 2 100 000 – 2 500 000 × 80 % = 100 000 €. ◂

3 Comptabilisation du *goodwill* positif

Il y a lieu de distinguer la comptabilisation du *goodwill* partiel de la comptabilisation du *goodwill* total.

A. Comptabilisation du *goodwill* partiel

Le *goodwill* sera affecté aux capitaux propres de l'entité faisant l'acquisition (« réserves » si l'acquisition est effectuée lors d'un exercice précédent ou « résultat » si l'acquisition est effectuée sur l'exercice en cours). Le *goodwill* représente la plus-value sur les éléments non identifiables acquis.

▸ Exemple

Reprenons le cas du *goodwill* partiel déterminé ci-dessus. Ce *goodwill* est de 180 000 €. Il sera comptabilisé comme suit :

	31.12.N		
	Goodwill	180 000	
	Réserves Alpha		180 000
	Goodwill *d'acquisition de la société Bêta*		

B. Comptabilisation du *goodwill* total

Ce *goodwill* sera réparti entre les capitaux propres de l'entreprise acquéreur et les intérêts minoritaires.

▶ Exemple

Reprenons le cas du *goodwill* total déterminé ci-dessus. Ce *goodwill* est de 250 000 €. Il se répartit entre les majoritaires pour 180 000 € et les minoritaires (participations ne donnant pas le contrôle) pour 70 000 €.
Il sera comptabilisé comme suit :

	31.12.N		
	Goodwill	250 000	
	Réserves Alpha		180 000
	Intérêts minoritaires sur capital et réserves		70 000
	Goodwill *d'acquisition de la société Bêta*		

4 Dépréciation du *goodwill*

En normes internationales, le *goodwill* ne peut être amorti. Il peut simplement faire l'objet d'une **dépréciation** :

- Pour les besoins des tests de dépréciation, à compter de la date d'acquisition, le *goodwill* acquis dans un regroupement d'entreprises doit être affecté à chacune des unités (ou des groupes d'unités) génératrices de trésorerie de l'acquéreur (↪ fiche 16).
- Une perte de valeur comptabilisée pour un *goodwill* ne doit pas être reprise lors d'une période ultérieure.

▶ Exemple

La société Alpha a pris une participation de 80 % dans la société Bêta. La société Bêta est organisée en plusieurs unités génératrices de trésorerie (↪ fiche 16).
À la clôture de l'exercice N, les valeurs comptables des actifs affectés à l'unité génératrice de trésorerie Sigma sont les suivants :

Éléments incorporels identifiables	100 000 €
Terrains	50 000 €
Constructions	150 000 €
Matériels	200 000 €
Goodwill	80 000 €
	580 000 €

Si l'on considère que la valeur recouvrable de l'unité génératrice de trésorerie au 31 décembre N est de 540 000 € et que la juste valeur des éléments identifiables est égale à leur valeur comptable, soit au total 500 000 €, la valeur implicite du *goodwill* sera de :
540 000 – 500 000 = 40 000 € et il faut déprécier le *goodwill* de 80 000 – 40 000, soit 40 000 €.

On passera les écritures suivantes :

• *Pour l'établissement du bilan*

– Méthode du *goodwill* total

	31.12.N		
	Résultat *40 000 × 80 %*	32 000	
	Intérêts minoritaires sur le résultat	8 000	
	Goodwill		40 000
	Dépréciation du goodwill		

– Méthode du *goodwill* partiel

	31.12.N		
	Résultat *60 000 × 80 %*	32 000	
	Goodwill		32 000
	Dépréciation du goodwill		

• *Pour l'établissement du compte de résultat*

Selon le cas (*goodwill* total ou *goodwill* partiel), la dotation sera de 40 000 ou 32 000 €.

	31.12.N		
	Dotations aux dépréciations du *goodwill*	40 000	
	Résultat		40 000
	Dépréciation du goodwill *total*		

5 Comptabilisation du *goodwill* négatif

Le *goodwill* négatif (ou profit provenant de l'acquisition) est imputé dans le résultat de l'exercice de la société acquéreuse (devenu depuis capitaux propres).

▶ **Exemple**

Reprenons l'exemple analysé ci-dessus : le *goodwill* négatif de 100 000 € provenant de l'acquisition de la société Bêta par la société Alpha le 1er janvier N sera comptabilisé ainsi :

• *Pour l'établissement du bilan*

	31.12.N		
	Titres de participation	100 000	
	Résultat Alpha		100 000
	Goodwill *négatif société Bêta*		

• *Pour l'établissement du compte de résultat*

	31.12.N		
	Résultat	100 000	
	Profit provenant d'acquisitions de filiales		100 000
	Goodwill *négatif société Bêta*		

LE + DE L'EXPERT

En normes internationales, le *goodwill* ne peut être amorti mais seulement déprécié.

37 Traitement des titres mis en équivalence

Mots-clés

Coentreprise • Entité associée • Mise en équivalence

Les titres mis en équivalence sont réévalués dans les comptes consolidés à la quote-part de l'actif net comptable de la participation. Les plus-values dégagées sont portées en réserves et dans un compte de résultat spécifique.

La mise en équivalence s'applique aux entités sous influence notable (entités associées). Dans les IFRS, elle s'applique également dans le cadre de la consolidation des coentreprises.

1 Pratique de la mise en équivalence dans les comptes consolidés

À la date de première consolidation, la mise en équivalence consiste à substituer, à la valeur comptable des titres, la quote-part qu'ils représentent dans les capitaux propres de l'entreprise consolidée.

La valeur des titres mis en équivalence est égale, à chaque fin d'exercice, à la quote-part des capitaux propres retraités de l'entreprise consolidée à laquelle ils équivalent. La variation des capitaux propres retraités des entreprises consolidées par mise en équivalence, de quelque nature qu'elle soit, augmente ou diminue donc la valeur des titres mis en équivalence à la clôture de l'exercice précédent.

▶ Exemple

La société Alpha a pris une participation de 30 % lors de la constitution de la société Oméga. Le prix d'acquisition des titres était de 300 000 €.

Les capitaux propres de la société Oméga s'analysent ainsi au 31 décembre N :

– Capital	1 000 000
– Réserves	400 000
– Résultat	100 000
	1 500 000

La valeur d'équivalence des titres Oméga possédés par la société Alpha s'élève à : 1 500 000 × 30 % = 450 000 €.

Les écritures de retraitement suivantes devront être comptabilisées.

• Écriture pour le bilan

31.12.N	Débit	Crédit
Titres Oméga mis en équivalence	450 000	
Titres de participation Oméga		300 000
Réserves Alpha *400 000 × 30 %*		120 000
Résultat Alpha *100 000 × 30 %*		30 000
Mise en équivalence d'une participation		

• *Écriture pour le compte de résultat*

	31.12.N		
	Résultat	30 000	
	Quote-part dans les résultats des entreprises mises en équivalence		30 000
	Mise en équivalence d'une participation		

2 Élimination des résultats sur opérations internes

A. Normes IFRS

Les profits ou les pertes découlant de transactions en amont et en aval entre un investisseur (y compris ses filiales consolidées) et une entité associée ou une coentreprise ne sont comptabilisés dans les états financiers de l'investisseur qu'à concurrence des intérêts des investisseurs non liés dans cette entreprise associée ou cette coentreprise.

▸ Exemples

- Les transactions effectuées en amont sont notamment les ventes d'actifs à l'investisseur par l'entreprise associée ou la coentreprise.
- Les transactions effectuées en aval sont, entre autres, les ventes d'actifs par l'investisseur à l'entreprise associée ou à la coentreprise. La quote-part de l'investisseur dans les profits ou les pertes de l'entreprise associée ou de la coentreprise découlant des transactions est éliminée. ◂

B. Règles françaises (règlement 2020-01 de l'ANC)

Sont éliminés (↳ fiche 33), à hauteur du pourcentage de la participation détenue par le groupe dans le capital de l'entreprise mise en équivalence, les résultats compris dans les immobilisations et autres actifs, et les résultats provenant d'opérations entre cette entreprise et celles dont les comptes sont intégrés.

▸ Exemple

La société Alpha a pris le 1er janvier N, une participation de 30 % du capital dans la société Bêta pour 240 000 €. Au 31 décembre N, les capitaux propres de la société Bêta s'élèvent à 500 000 € pour le capital, 300 000 € pour les réserves et 150 000 € pour le résultat.
Dans ce résultat, vous constatez que la société Bêta a vendu à la société Alpha 1 000 000 € de marchandises avec une marge de 8 % avant impôt de 25 %. Il y a donc lieu d'éliminer du résultat qui sera pris en compte dans la valeur d'équivalence du titre Bêta le résultat correspondant, soit 1 000 000 × 8 % × 75 % = 60 000 €.
Les capitaux propres de la société Bêta s'analyseront ainsi au 31 décembre N :

– Capital		500 000
– Réserves		300 000
– Résultat :	150 000 – 60 000 =	90 000
		890 000

La valeur d'équivalence des titres Bêta possédés par la société Alpha s'élèvera donc à 890 000 × 30, soit 267 000 €. ◂

3 Traitement de l'écart d'évaluation

Comme à la date de première consolidation, la mise en équivalence consiste à substituer, à la valeur comptable des titres, la quote-part qu'ils représentent dans les capitaux propres de l'entreprise consolidée, il y a lieu de tenir compte dans cette mise en équivalence des écarts d'évaluation et de leurs amortissements.

4 Traitement de l'écart d'acquisition (*goodwill*)

A. Normes IFRS

Le goodwill lié à une entreprise associée est compris dans la valeur comptable de la participation (IAS 28 § 32).

B. Règles françaises (règlement 2020-01 de l'ANC)

L'écart qui en résulte est un écart d'acquisition présenté selon les mêmes modalités que les écarts d'acquisition définis dans le cadre de l'intégration globale (règlement 2020-01, art. 262-2).

▸ **Exemple**

La société Alpha a pris le 1er janvier N–4 dans la société Bêta une participation de 24 % du capital pour 400 000 €.

Au 1er janvier N–4 après répartition des résultats de l'année N–5, les capitaux propres de la société Bêta étaient de 1 200 000 € (capital 800 000 €, réserves 400 000 €). Sur un ensemble immobilier, on avait cependant constaté une plus-value latente de 300 000 € (100 000 pour le terrain, 200 000 pour la construction, dont l'amortissement est prévu en 40 ans). L'impôt sur les bénéfices est calculé au taux de 25 %.

On a donc :

– un écart d'évaluation (↪ fiche 34) de : 300 000 × 75 % = 225 000 € ;

– un écart d'acquisition (↪ fiche 35) de : 400 000 – (1 200 000 + 225 000) × 24 % = 58 000 €.

Au 31 décembre N, les capitaux propres de la société Bêta sont les suivants :

• Capital	800 000
• Réserves	520 000
• Résultat	80 000
	1 400 000

Pour déterminer et comptabiliser la valeur d'équivalence de la société Bêta, on fera l'analyse suivante (en tenant compte d'un amortissement en 10 ans de l'écart d'acquisition.

	Situation 1.1.N–4	Évolution N–4 à N–1	Évolution N	Situation 31.12.N
Capital	800 000			800 000
Réserves	400 000	+ 120 000		520 000
Écart d'évaluation	225 000	– 15 000	– 3 750	206 250
Résultat			+ 80 000	80 000
Total	1 425 000	105 000	76 250	1 606 250
Quote-part 24 %	342 000	25 200	18 300	385 500
Écart d'acquisition	58 000	– 23 200	– 5 800	29 000

L'amortissement annuel de l'écart d'évaluation sera de 200 000 / 40 × 75 % = 3 750 € et celui de l'écart d'acquisition de 58 000 / 10 = 5 800 €.
On passera les écritures suivantes :

• *Pour l'établissement du bilan*

	Écart d'acquisition	58 000	
	Titres de participation Bêta		58 000
	Écart d'acquisition		
	Réserves Alpha	23 200	
	Résultat Alpha	5 800	
	Écart d'acquisition		29 000
	Amortissement écart d'acquisition		
	Titres mis en équivalence Bêta	385 500	
	Titres de participation Bêta *400 000 – 58 000*		342 000
	Réserves Alpha		25 200
	Résultat Alpha		18 300
	Mise en équivalence titres Bêta		

• *Pour l'établissement du compte de résultat*

	Dotations aux amortissements des écarts d'acquisition	5 800	
	Résultat		5 800
	Dotation de l'exercice		
	Résultat	18 300	
	Quote-part de résultat de sociétés mises en équivalence		18 300
	Résultat participation Bêta (80 000 – 3 750) × 24 %		

LE + DE L'EXPERT

Déterminez si vous êtes en présence d'une mise en équivalence en normes françaises ou en normes internationales. En normes internationales, les coentreprises sont mises en équivalence et les écarts d'acquisition (*goodwill*) sont intégrés à la valeur d'équivalence.

38 Traitement des titres des entités intégrées

Mots-clés

Intégration globale • Intégration proportionnelle

Ce traitement concerne l'intégration globale et l'intégration proportionnelle.

1 Traitement des titres des entités intégrées globalement

Dans le cadre de l'intégration globale, il y a lieu d'éliminer des comptes consolidés la valeur des titres de participation des filiales comptabilisée dans les comptes individuels et de répartir les capitaux propres et le résultat entre les intérêts de l'entité consolidante et les intérêts des autres actionnaires ou associés dits intérêts minoritaires.

A. Cas de consolidation d'une filiale de premier niveau

▶ Exemple

Supposons que la société Alpha ait acquis en N–2, pour 800 000 €, 70 % du capital de la société Bêta. L'actif net de la société Bêta au 31 décembre N, date de présentation des comptes consolidés, est de 1 600 000 € et s'analyse ainsi :

- Capital 1 000 000
- Réserves 400 000
- Résultat 200 000

On passera, au 31 décembre N, l'écriture suivante :

31.12.N	Débit	Crédit
Capital Bêta	1 000 000	
Réserves Bêta	400 000	
Résultat Bêta	200 000	
Titres de participation (Bêta)		800 000
Réserves Alpha *(1 000 000 + 400 000) × 70 % – 800 000*		180 000
Résultat Alpha *200 000 ×70 %*		140 000
Intérêts minoritaires sur capital et réserves *(1 000 000 + 400 000) × 30 %*		420 000
Intérêts minoritaires sur résultat *200 000 × 30 %*		60 000
Intégration Bêta		

B. Cas de consolidation d'une filiale de second niveau (sous-filiale)

▶ Exemple

La société mère Alpha détient 70 % du capital de la société Bêta, laquelle détient 60 % du capital de la société Gamma. Le pourcentage d'intérêts d'Alpha sur Gamma est de 70 % × 60 % = 42 %. Les titres Bêta achetés par Alpha et les titres Gamma achetés par Bêta ont été acquis pour respectivement 4 000 000 € et 1 000 000 €. Il n'y avait pas d'écart d'acquisition.

- Au 31 décembre N, la situation nette de Bêta est de 8 500 000 € dont 5 000 000 € pour le capital, 2 800 000 € pour les réserves et 700 000 € pour le résultat.
- Au 31 décembre N, la situation nette de Gamma est de 2 500 000 € dont 1 500 000 € pour le capital 800 000 € pour les réserves et 200 000 € pour le résultat.

On passera, pour la société Gamma, au 31 décembre N, l'écriture suivante :

		31.12.N	Débit	Crédit
		Capital Gamma	1 500 000	
		Réserves Gamma	800 000	
		Résultat Gamma	200 000	
		Titres de participation		1 000 000
		Réserves Alpha *(1 500 000 + 800 000) × 42 % – 1 000 000 × 70 %*		266 000
		Intérêts minoritaires sur capital et réserves *(1 500 000 + 800 000) × 58 % – 1 000 000 × 30 %*		1 034 000
		Résultat Alpha *200 000 × 42 %*		84 000
		Intérêts minoritaires sur résultat *200 000 × 58 %*		116 000
		Consolidation		

C. Cas de consolidation de participations circulaires

▶ **Exemple**

Lors de leur création, trois sociétés Alpha, Bêta et Gamma ont pris entre elles des participations circulaires : Alpha possède 80 % du capital de Bêta, Bêta possède 60 % du capital de Gamma et Gamma possède 10 % du capital d'Alpha.

Après retraitements, les comptes de capitaux propres des trois sociétés se présentent comme suit :

Sociétés	Alpha	Bêta	Gamma
Capital	5 000 000	3 000 000	2 000 000
Réserves	3 600 000	1 400 000	1 200 000
Résultat	800 000	600 000	400 000

Pour déterminer les pourcentages d'intérêts, il y a lieu de poser un système d'équations (↪ fiche 23) :

- Soit a, b et c les pourcentages d'intérêts du groupe Alpha sur les sociétés Alpha, Bêta et Gamma.
- On peut écrire que :
  $a = 0{,}90 + 0{,}10\,c$; $b = 0{,}80\,a$; $c = 0{,}60\,b$.
- On trouvera :
  $a = 0{,}9454$ soit 94,54 % ; $b = 0{,}7563$ soit 75,63 % ; $c = 0{,}4538$ soit 45,38 %.
- On passera pour les sociétés Alpha et Gamma, au 31 décembre N, les écritures suivantes :

31.12.N		
Capital Alpha	5 000 000	
Réserves Alpha	3 600 000	
Résultat Alpha	800 000	
Titres de participation Alpha *5 000 000 × 10 %*		500 000
Capital Alpha		5 000 000
Réserves Alpha *(5 000 000 + 3 600 000) × 94,54 % – 500 000 × 45,38 % – 5 000 000 (capital)*		2 903 540
Intérêts minoritaires sur capital et réserves *(5 000 000 + 3 600 000) × 5,46 % – 500 000 × 54,62 %*		196 460
Résultat Alpha *800 000 × 94,54 %*		756 320
Intérêts minoritaires sur résultat *800 000 × 5,46 %*		43 680
Consolidation Alpha		
Capital Bêta	3 000 000	
Réserves Bêta	1 400 000	
Résultat Bêta	600 000	
Titres de participation Bêta *3 000 000 × 60 %*		1 800 000
Réserves Alpha *(3 000 000 + 1 400 000) × 75,63 % – 1 800 000 × 94,54 %*		1 626 000
Intérêts minoritaires sur capital et réserves *(3 000 000 + 1 400 000) × 24,37 % – 1 800 000 × 5,46 %*		974 000
Résultat Alpha *600 000 × 75,63 %*		453 780
Intérêts minoritaires sur résultat *600 000 × 24,37 %*		146 220
Consolidation Bêta		
d°		
Capital Gamma	2 000 000	
Réserves Gamma	1 200 000	
Résultat Gamma	400 000	
Titres de participation Gamma *2 000 000 × 60 %*		1 200 000
Réserves Alpha *(2 000 000 + 1 200 000) × 45,38 % – 1 200 000 × 75,63 %*		544 600
Intérêts minoritaires sur capital et réserves *(2 000 000 + 1 200 000) × 54,62 % – 1 200 000 × 24,37 %*		1 455 400
Résultat Alpha *400 000 × 45,38 %*		181 520
Intérêts minoritaires sur résultat *400 000 × 54,62 %*		218 480
Consolidation Gamma		

2 Traitement des titres des entités intégrées proportionnellement

Dans le cadre de l'intégration proportionnelle, la valeur des titres de participation de la coentreprise comptabilisée dans les comptes individuels doit être éliminée des comptes consolidés. La fraction représentative de ses intérêts dans les comptes de l'entreprise consolidée doit être intégrée dans les comptes de l'entité consolidante. Aucun intérêt minoritaire n'est constaté.

Uniquement pratiqué en normes françaises pour les entités sous contrôle conjoint ou coentreprises (en IFRS est pratiquée la mise en équivalence), ce retraitement s'effectue comme pour une société intégrée globalement mais les intérêts minoritaires n'apparaissent pas : seule la quote-part des actifs et des passifs de la société intégrée revenant au groupe est comprise dans le total du bilan cumulé.

▶ Exemple

Supposons que la société Alpha qui possède 50 % du capital de la société Gamma partage le contrôle (à parité de droits de vote) de cette société avec la société Oméga (qui possède également 50 % de la société Gamma). Les titres ont été acquis au moment de la constitution de la société.

L'actif net de la société Gamma au 31 décembre N, date de présentation des comptes consolidés, est de 800 000 € et s'analyse ainsi :

- Capital 500 000
- Réserves 200 000
- Résultat 100 000

Au moment de la sommation, 50 % des valeurs du capital, des réserves et des résultats de la société Gamma sont compris dans le bilan cumulé.

Postes	Total	Groupe Alpha (50 %)	Groupe Oméga (50 %)
Capital	500 000	250 000	250 000
Réserves	200 000	100 000	100 000
Résultat	100 000	50 000	50 000
	800 000	400 000	400 000

On passera l'écriture suivante :

31.12.N	Débit	Crédit
Capital Gamma	250 000	
Réserves Gamma	100 000	
Résultat Gamma	50 000	
Titres de participation (Gamma)		250 000
Réserves Alpha *250 000 + 100 000 – 250 000*		100 000
Résultat Alpha		50 000
Intégration Gamma		

LE + DE L'EXPERT

En cas de consolidation, n'oubliez pas de dégager les intérêts minoritaires (directs, pour les filiales et indirects pour les sous-filiales).

39 Changements de périmètre de consolidation

Mots-clés

Acquisition de titres • Augmentation de capital • Intégration globale • Mise en équivalence • Prise de contrôle

Un certain nombre d'opérations peuvent avoir pour conséquence de faire varier les pourcentages de contrôle et d'intérêts de la société mère sur une ou plusieurs de ses filiales ainsi que le périmètre de consolidation.

Ces opérations sont enregistrées dans les comptes sociaux sans tenir compte des spécificités propres aux comptes consolidés. Lors de la consolidation, ces opérations doivent être analysées ; des enregistrements spécifiques sont alors passés.

1 Augmentation du pourcentage d'intérêts dans une entité intégrée globalement

Cette augmentation peut s'effectuer par l'acquisition des titres d'une filiale à des tiers extérieurs au groupe ou par une augmentation de capital de la filiale.

A. Acquisition de titres d'une filiale

Règlement 2020-01 de l'ANC

Les acquisitions de titres complémentaires ne remettent pas en cause l'évaluation des actifs et passifs identifiés à la date de prise de contrôle (règlement 2020-01, art. 242-1). Les écarts d'évaluation sont cependant diminués des amortissements constatés pratiqués depuis la prise de contrôle. L'écart constaté est donc affecté en totalité en écarts d'acquisition et aucun retraitement postérieur n'est nécessaire.

▶ Exemple

La société mère Alpha a acquis les titres suivants de la société Bêta :

- le premier lot a été acquis au début de l'exercice N–4 : 60 % pour 1 200 000 €. Les capitaux propres de Bêta étaient alors de 1 600 000 €, des terrains avaient été réestimés de 140 000 € et des constructions amortissables en 20 ans de 260 000 € ;
- le second lot (20 % pour 500 000 €) a été acquis au début de l'exercice N alors que les capitaux propres étaient de 1 800 000 € (dont 100 000 de résultat de l'exercice), la valeur des terrains réestimés de 180 000 €, les constructions de 420 000 €.

Au moment de l'acquisition du premier lot, l'écart d'acquisition s'élève à :
1 200 000 – [1 600 000 + (140 000 + 260 000) × 75 %] × 60 %, soit 60 000 €.

Au moment de l'acquisition du second lot, comme les plus-values sur éléments identifiables sont supérieures aux écarts d'évaluation constatés lors de la première acquisition et amorties en partie depuis (dans le cas inverse, il aurait fallu constater une dépréciation), l'écart d'acquisition doit être non pas calculé à partir des données de la seconde acquisition (dans ce cas, il aurait été de : 500 000 – [1 800 000 + (180 000 + 420 000) × 75 %] × 20 % = 50 000 €), mais à partir des données de la première acquisition (la prise de contrôle).

Si on avait gardé en N les écarts d'évaluation constatés lors de l'acquisition du premier lot on aurait la valeur de la société Alpha suivante :

Capitaux propres	1 800 000
Écarts d'évaluation (amortis) (140 000 + 260 000 – 260 000 × 2,5/20) × 75 % =	361 000
	2 161 000

L'écart d'acquisition constaté lors de la seconde acquisition sera donc de : 500 000 – 2 161 000 × 20 % = 67 800 €.

Lors de la consolidation effectuée fin N, on comptabilisera l'écart d'acquisition total non amorti pour 60 000 + 67 800 = 127 800 €.

	31.12.N	Débit	Crédit
	Écart d'acquisition	127 800	
	Réserves Alpha		127 800
	Écart d'acquisition global sur les deux acquisitions		

Normes internationales

Conformément au § 96 B de l'IFRS 10, il y aura lieu d'ajuster la valeur comptable de la seconde acquisition et de comptabiliser en résultat la différence entre le montant ajusté et la valeur de la contrepartie versée.

▶ Exemple (suite)

Lors de la première acquisition, on a dégagé un *goodwill* (partiel) de 60 000 € pour une participation de 60 %. Pour une participation de 20 % on aurait dû dégager un *goodwill* de 60 000 × 20 / 60 = 20 000 € et les titres Bêta de la seconde acquisition auraient dû être acquis à la valeur suivante : 2 161 000 × 20 % + 20 000, soit 452 200 € (au lieu de 500 000 €).

On passera l'écriture suivante (pour le bilan) pour enregistrer cette différence :

	31.12.N	Débit	Crédit
	Réserves Alpha *47 800 × 75 %*	35 850	
	Impôts différés	11 950	
	Titres de participation *500 000 – 452 200*		47 800
	Retraitement de la valeur d'acquisition du deuxième lot de titres		

B. Augmentation de capital

Ne peuvent participer à une augmentation de capital que les titulaires de droits préférentiels de souscription. Si le prix d'acquisition des droits de souscription était différent de la valeur théorique, il serait nécessaire d'effectuer une régularisation.

2 Intégration globale dans une entreprise précédemment mise en équivalence

Dans le cadre de l'acquisition de titres d'une société associée, c'est au moment où la société acquéreuse prend le contrôle de ladite société que la juste valeur doit être constatée.

▸ Exemple

La société Alpha a fait l'acquisition au début de N-2 de 20 % du capital de la société Bêta pour 200 000 € puis, au début de l'année N, de 50 % du capital de Bêta pour 625 000 €.
Les capitaux propres de Bêta étaient au début de N-2 de 800 000 €, des terrains avaient été réestimés de 60 000 € et des constructions amortissables en 20 ans de 180 000 €.
Au début de l'année N, les capitaux propres de Bêta étaient de 950 000 €, la valeur des terrains réestimés de 90 000 €, les constructions de 210 000 €.
Juste avant l'acquisition du second lot, la société Bêta est **mise en équivalence** et, pour l'établissement d'un bilan consolidé au 1er janvier N, on aurait une évaluation des titres suivante :

Prix d'acquisition des titres	200 000
Quote-part de l'évolution des capitaux propres du 1er janvier N–2 au 1er janvier N :	
(950 000 – 800 000) × 20 % =	30 000
Quote-part des amortissements de l'évaluation sur construction :	
180 000 × 2 /20 × 75 % × 20 % =	– 2 700
	227 300

La juste valeur de la société Bêta étant déterminée au 1er janvier N, on passerait le 1er janvier N (si l'on établissait les comptes consolidés du groupe à cette date) les écritures suivantes (pour le bilan) :

		Débit	Crédit
	1.1.N		
	Terrains	90 000	
	Constructions	210 000	
	Réserves Alpha *(90 000 + 210 000) × 75 % × 70 %*		157 500
	Intérêts minoritaires sur capital et réserves *(90 000 + 210 000) × 75 % × 30 %*		67 500
	Impôts différés *(90 000 + 210 000) × 25 %*		75 000
	Écart d'évaluation		
	Goodwill	52 500	
	Réserves Alpha		52 500
	Écart d'acquisition 625 000 × 70 % / 50 % – [950 000 + (90 000 + 210 000) × 75 %] × 70 %		
	Titres de participation Bêta *625 000 × 20 % / 50 %*	250 000	
	Titres mis en équivalence Bêta		227 300
	Réserves Alpha *(250 000 – 227 300) × 75 %*		17 025
	Impôts différés		5 675
	Réajustement de la valeur du premier lot de titres		
	Capitaux propres Bêta *950 000 + 225 000*	1 175 000	
	Titres de participation Bêta *625 000 + 250 000*		875 000
	Réserves Alpha *1 175 000 × 70 % – 875 000*		– 52 500
	Intérêts minoritaires *1 175 000 × 30 %*		352 500
	Intégration Bêta		

3 Déconsolidation faisant suite à la cession de titres

Lors de la cession de titres de sociétés faisant partie d'un groupe, il est impératif de différencier, dans le résultat de cession, en effectuant les retraitements nécessaires, le résultat d'opérations antérieures de consolidation et le résultat de la cession proprement dite, en distinguant cession totale et cession partielle.

A. Cession totale

La sortie du périmètre de consolidation de l'entreprise cédée s'effectue à la date du transfert de contrôle à l'entreprise acquéreuse. Le compte de résultat consolidé retrace les produits réalisés et les charges supportées par l'entreprise cédée jusqu'à la date de transfert du contrôle.

La plus ou moins-value de cession se calcule à partir de la dernière valeur en consolidation de l'entreprise comprenant :

- le résultat jusqu'à la date de cession ;
- l'écart d'acquisition résiduel non amorti ;
- le cas échéant, l'écart de conversion inscrit dans les capitaux propres, part du groupe.

▶ Exemple

La société Alpha avait acquis, en janvier N–3, 60 % du capital de Bêta pour 3 000 000 €. Un écart d'évaluation sur les capitaux de Bêta avait alors été estimé à 1 500 000 € et un écart d'acquisition non amortissable, constaté pour 1 000 000 €. La société Alpha vend sa participation dans Bêta, en juillet N, pour 4 000 000 €. Dans les comptes sociaux, elle constate une valeur comptable des éléments d'actif cédés de 3 000 000 € et un produit de cession des éléments d'actif de 4 000 000 €.

Au moment de la cession, soit le 1er juillet N, le montant des capitaux propres retraités selon les méthodes de consolidation dans la société Bêta (y compris les écarts d'évaluation non amortis et l'écart d'acquisition) s'élevait à 5 700 000 € alors qu'il n'était que 5 500 000 € en début d'exercice.

La valeur consolidée des titres Bêta, égale à la quote-part des capitaux propres de Bêta, était donc au moment de la cession de la participation de : 5 700 000 × 60 % = 3 420 000 €.

Le résultat sur la cession n'est donc en fait que de 4 000 000 – 3 420 000 = 580 000 €.

Si la cession avait été faite en début d'exercice, le résultat eût été différent : la valeur consolidée des titres Bêta aurait été de 5 500 000 × 60 % = 3 300 000 € et le résultat sur cession eût été de 4 000 000 – 3 300 000 = 700 000 €.

La différence entre les deux valeurs, soit 700 000 – 580 000 = 120 000 €, provient de la quote-part du résultat de l'exercice de la société Bêta, soit (5 700 000 – 5 500 000) × 60 % = 120 000 €. ◀

B. Cession partielle

Dans le cas d'une entreprise consolidée sans mise en équivalence, la prise en compte du résultat de cession s'effectue de la même manière qu'en cas de cession partielle d'entreprise consolidée par intégration globale. Les actifs et passifs cessent d'être intégrés aux dates et selon les modalités définies dans le cas d'une cession globale.

LE + DE L'EXPERT

Prenez bien en compte les dates auxquelles sont effectués les changements du périmètre de consolidation.

40 Documents de synthèse des groupes

Mots-clés

Annexe • Bilan consolidé • Compte de résultat consolidé • État de la situation financière • État du résultat net et des autres éléments du résultat global • État des variations de capitaux propres • Tableau des flux de trésorerie

1 Documents de synthèse en normes françaises

Selon l'article 111-4 du règlement 2020-01 de l'ANC, les documents de synthèse consolidés comprennent obligatoirement :
- le bilan ;
- le compte de résultat ;
- une annexe.

Ces documents forment un tout indissociable.

A. Bilan consolidé

Le bilan consolidé est présenté sous forme de tableau (ou éventuellement sous forme de liste pour les entreprises qui le faisaient précédemment). Il est établi avant répartition (ou éventuellement avant et après répartition).

Modèle de bilan (règlement 2020-01 de l'ANC)

Actif	N	N–1	Passif	N	N–1
Actif immobilisé			**Capitaux propres (Part du groupe)**		
Immobilisations incorporelles dont *écart d'acquisition*			Capital Primes		
Immobilisations corporelles			Réserves et résultat consolidés		
Immobilisations financières			Autres		
Titres mis en équivalence					
Actif circulant			**Intérêts minoritaires**		
Stocks et en cours			**Provisions**		
Clients et comptes rattachés					
Autres créances et comptes de régularisation			**Dettes**		
Valeurs mobilières de placement			Emprunts et dettes financières		
Disponibilités			Fournisseurs et comptes rattachés		
			Autres dettes et comptes de régularisation		
Total de l'actif			**Total du passif**		

B. Compte de résultat consolidé

Le **compte de résultat consolidé** est présenté sous forme de liste (ou éventuellement de tableau) selon un classement des produits et des charges soit par nature, soit par destination.

Modèle de compte de résultat (classement des charges et produits par nature) (règlement 2020-01 de l'ANC)

	N	N–1
Chiffre d'affaires Autres produits d'exploitation Achats consommés Charges de personnel(1) Autres charges d'exploitation Impôts et taxes Dotations aux amortissements, dépréciations et provisions(2)		
Résultat d'exploitation avant dotations aux amortissements et dépréciation des écarts d'acquisition		
Dotations aux amortissements et dépréciations des écarts d'acquisition		
Résultat d'exploitation après dotations aux amortissements et dépréciation des écarts d'acquisition		
Charges et produits financiers Charges et produits exceptionnels Impôts sur les résultats		
Résultat net des entreprises intégrées		
Quote-part dans les résultats des entreprises mises en équivalence		
Résultat net de l'ensemble consolidé		
Intérêts minoritaires		
Résultat net (part du groupe)		
Résultat par action Résultat dilué par action		

(1) Y compris participation des salariés.
(2) Hors amortissement et dépréciation des écarts d'acquisition.

Modèle de compte de résultat (classement des charges et produits par destination) (règlement 2020-01 de l'ANC)(1)

	N	N–1
Chiffre d'affaires Coût des ventes Charges commerciales Charges administratives Autres charges et produits d'exploitation		
Résultat d'exploitation(2)		

(1) Les éléments figurant après le résultat d'exploitation sont les mêmes que ceux du modèle avec classement des charges et produits par nature.
(2) Avant dotation aux amortissements et dépréciation des écarts d'acquisition.

C. Annexe

L'annexe doit comporter toute information de caractère significatif permettant aux utilisateurs des comptes consolidés de porter une appréciation sur le patrimoine, la situation financière et le résultat de l'ensemble constitué par les entreprises comprises dans la consolidation. L'information porte au minimum sur l'exercice écoulé et sur le précédent.

2 Documents de synthèse : normes internationales

Les états financiers établis conformément aux normes internationales doivent respecter les normes IAS 1 et IAS 7. Un jeu complet d'états financiers conformes aux IFRS doit comprendre :

- un état de la situation financière à la fin de la période (↪ fiche 13) ;
- un état du résultat net et des autres éléments du résultat global de la période (↪ fiche 13) ;
- un état des variations de capitaux propres de la période ;
- un tableau des flux de trésorerie de la période ;
- des notes contenant un résumé des principales méthodes comptables et d'autres informations explicatives.

Modèle d'état des variations de capitaux propres

	Capital	Réserves	Totaux
Bilan au 31.12. N–1			
• Effets de changements de méthode comptable			
Bilan corrigé			
Changements capitaux propres en N			
• Résultat net de la période			
• Autres éléments du résultat global			
• Dividendes			
• Augmentation de capital			
Bilan au 31.12.N			

Modèle de tableau des flux de trésorerie (méthode indirecte)

	N	N-1
Flux de trésorerie provenant des activités opérationnelles		
Résultat avant impôt + Ajustement pour amortissements et provisions + Charges financières – Produits financiers ± Résultat de change ± Variation BFR opérationnel – Intérêts (sur activités opérationnelles) payés – Impôt sur le résultat payé		
Flux net de trésorerie provenant des activités opérationnelles		
Flux de trésorerie provenant des activités d'investissement – Acquisitions filiales sous déduction trésorerie acquise – Acquisitions d'immobilisations + Cessions d'immobilisations + Produits financiers reçus		
Flux net de trésorerie provenant des activités d'investissement		
Flux de trésorerie provenant des activités de financement + Augmentation de capital + Encaissements provenant d'emprunts à long terme ou de contrats de location-financement – Remboursements provenant d'emprunts à long terme ou de contrats de location-financement – Dividendes versés		
Flux net de trésorerie provenant des activités de financement		
Variation nette de trésorerie ou d'équivalents de trésorerie		
Trésorerie ou équivalents de trésorerie à l'ouverture de l'exercice		
Trésorerie ou équivalents de trésorerie à la clôture de l'exercice		

LE + DE L'EXPERT

Que ce soit en normes françaises ou en normes internationales, les modèles de comptes consolidés ne sont pas identiques à ceux qui sont utilisés pour les comptes individuels sociaux.

41 Cadre général de l'audit

Mots-clés

Audit • Commissaire aux comptes • Entité d'intérêt public • Expert-comptable • Norme internationale d'audit • Norme d'exercice professionnel • SACC

Généralement, les définitions de l'audit données par les auteurs convergent vers une mission d'opinion :
- confiée à un professionnel « indépendant » (auditeur interne ou externe) ;
- utilisant une méthodologie spécifique ;
- justifiant un niveau de diligences acceptable par rapport à des normes.

1 Définitions et formes d'audit

L'image que la comptabilité donne de la situation de l'entreprise doit être la plus fidèle possible pour tous ceux qui seront amenés à utiliser les informations comptables, un contrôle général, s'appliquant à l'ensemble de la comptabilité en vue d'en vérifier la régularité et la sincérité, semble être indispensable : telle est la mission, légale ou contractuelle, de l'auditeur de comptes.

Pour l'IAASB de l'IFAC, « le but d'un audit est de renforcer le degré de confiance des utilisateurs présumés des états financiers. Celui-ci est atteint par l'expression par l'auditeur d'une opinion selon laquelle les états financiers sont établis, dans tous leurs aspects significatifs, conformément à un référentiel comptable applicable. »

De l'examen des états financiers (audit comptable et financier), l'audit s'est étendu à d'autres domaines (informatique, juridique, fiscal, social, achats, production, etc.). On peut ainsi distinguer :
- L'audit de fiabilité des systèmes, dont le but est de donner aux utilisateurs l'assurance du bon fonctionnement d'un système (l'audit comptable et financier contribue à améliorer la crédibilité de l'information ; l'audit juridique contribue à s'assurer qu'aucune règle n'a été omise).
- L'audit de l'efficacité des systèmes (audit opérationnel), susceptible d'être mis en œuvre dans le domaine comptable et financier, mais aussi dans d'autres domaines : stratégie, production, informatique ou juridique, et dont le but est d'améliorer les performances de l'entreprise.

Si l'audit de fiabilité est orienté vers le contrôle, l'audit d'efficacité relève davantage du conseil, son but étant d'améliorer les systèmes et non simplement de vérifier s'ils fonctionnent correctement.

2 Les règles internationales en matière d'audit comptable et financier

A. L'IFAC et l'IAASB

Créé en 1977, l'IFAC (International Federation of Accountants) rassemble aujourd'hui plus de 175 organisations professionnelles représentant plus de 130 pays représentant près de 3 millions de personnes (profession comptable, entités publiques, industrie, commerce, enseignement).

L'IAASB (International Auditing and Assurance Standards Board) est une commission permanente du Conseil de l'IFAC. Elle a reçu expressément la mission et le pouvoir de publier, au nom du Conseil de l'IFAC, des recommandations sur l'audit et les missions qui s'y rattachent.

B. La directive 2006/43/CE relative aux contrôles légaux des comptes annuels et consolidés

Cette directive européenne a pour objet d'établir les règles générales concernant le contrôle légal des comptes annuels et des comptes consolidés.

Pour ce qui concerne les normes de contrôle, l'article 26 de la directive 2006/43/CE révisé par la directive 2014/56/UE dispose notamment que les contrôleurs légaux des comptes doivent effectuer le contrôle légal des comptes dans le respect des **normes internationales d'audit** (ISA) adoptées par la Commission européenne.

Les **normes d'exercice professionnel** (NEP) actuellement applicables (↪ fiche 42) seront remplacées par les ISA dès leur adoption par la Commission européenne.

C. Le règlement UE/537/2014 relatif aux exigences spécifiques applicables au contrôle légal des comptes des entités d'intérêt public

Définition

Les **entités d'intérêt public** (EIP) comprennent les entreprises dont les valeurs mobilières sont admises à la négociation sur un marché réglementé, les établissements de crédit, les entreprises d'assurances et les entités désignées comme telles par les États membres de l'UE (en France, notamment les institutions de prévoyance, les mutuelles ou certaines holdings lorsque le total de leur bilan consolidé ou combiné excède 5 Mds €).

Le règlement européen présente notamment les exigences applicables au contrôle légal des états financiers annuels et consolidés des entités d'intérêt public (intervention d'un comité d'audit au niveau de l'entité), les règles applicables à l'organisation des contrôleurs légaux des comptes et des cabinets d'audit ainsi qu'à leur sélection par les entités d'intérêt public (durée de mandat, rotation, etc.).

3 Les missions de l'expert-comptable

Le cadre de référence des missions du professionnel de l'expertise comptable (arrêté du 13 mars 2017) distingue trois grandes natures de missions :

- Les missions d'assurance sur des comptes complets historiques : missions de présentation de comptes, missions d'examen limité de comptes, missions d'audit d'états financiers, missions d'audit d'états financiers dans une petite entité.
- Les autres missions d'assurance : missions d'assurance portant sur des informations autres que des comptes complets historiques (attestations particulières), missions d'examen portant sur des informations financières prévisionnelles.

- Les missions sans assurance : missions d'examen d'informations sur la base de procédures convenues, missions de compilation de comptes, missions sans assurance prévues par la loi ou le règlement, autres prestations fournies à l'entité.

A. La mission de présentation des comptes

La mission de présentation permet à l'expert-comptable d'exprimer une assurance modérée portant sur la cohérence et la vraisemblance des comptes annuels. Dans cette mission, qui répond aux besoins d'information financière et comptable internes et externes des petites et moyennes entreprises, l'entité confie généralement à l'expert-comptable le soin de tenir sa comptabilité, en totalité ou en partie.

B. La mission d'examen limité des comptes

La mission d'examen limité permet à l'expert-comptable d'exprimer une assurance d'un degré inférieur à celui de l'audit. Les diligences mises en œuvre ne sont pas de même nature ni aussi étendues que celles effectuées lors d'un audit.

C. La mission d'audit (contractuel) des états financiers

La mission d'audit contractuel des états financiers permet à l'expert-comptable d'exprimer une assurance de niveau élevé qualifiée par convention d'« assurance raisonnable » sur la régularité, la sincérité des comptes et l'image fidèle donnée par ceux-ci du patrimoine de l'entreprise.

D. Les autres missions

Les missions accessoires se traduisent généralement par l'établissement des déclarations fiscales, l'établissement des bulletins de paie, la rédaction des contrats de travail et la déclaration des charges sociales, la rédaction d'actes juridiques, la mise en place et l'actualisation de tableaux de bord, etc.

4 Les missions du commissaire aux comptes

Les missions du commissaire aux comptes sont définies notamment par l'article L. 822-20 du Code de commerce. On peut distinguer les missions de certification des comptes et les services autres que la certification des comptes (SACC).

Code de commerce, art. L. 822-20. L'exercice de la profession de commissaire aux comptes consiste en l'exercice, par les commissaires aux comptes, de missions de contrôle légal et de missions spéciales qui lui sont confiées par la loi ou le règlement. Le commissaire aux comptes peut en outre fournir des services autres que la certification des comptes, et notamment établir des attestations, dans le respect des dispositions du présent code, du règlement européen et des principes définis par le code de déontologie de la profession.

A. Les missions légales

La mission légale du commissaire aux comptes se compose de diverses obligations.

Vérification de la comptabilité sociale

Les CAC ont pour mission permanente, à l'exclusion de toute immixtion dans la gestion, de vérifier les valeurs et les documents comptables de la personne ou de l'entité dont ils sont chargés de certifier les comptes et de contrôler la conformité de sa comptabilité aux règles en vigueur (Code de commerce, art. L. 823-10 al 1.).

Information des organes d'administration, de direction et de surveillance

Les CAC doivent porter à la connaissance de l'organe chargé de l'administration ou de l'organe chargé de la direction et l'organe de surveillance un certain nombre d'informations définies par la loi (Code de commerce, art. L. 823-26).

Certification des comptes annuels (et éventuellement des comptes consolidés) et de leurs annexes

Les CAC certifient, en justifiant de leurs appréciations, que les comptes annuels sont réguliers et sincères et donnent une image fidèle du résultat, des opérations de l'exercice écoulé ainsi que de la situation financière et du patrimoine de la personne ou de l'entité à la fin de l'exercice (Code de commerce, art. L. 823-9 al. 1). Ils ont une obligation semblable en matière de comptes consolidés (Code de commerce, art. L. 823-9 al. 2).

Ils doivent également vérifier la sincérité et la concordance avec les comptes annuels des informations données dans le rapport de gestion (et éventuellement dans le rapport de gestion du groupe) (Code de commerce, art. L. 823-10).

Information des assemblées

Les CAC relatent, dans un rapport général, l'accomplissement de leur mission (Code de commerce, art. L. 225-100). Ce rapport peut être accompagné de rapports spéciaux (conventions réglementées, gouvernement d'entreprise, etc.).

Révélation au procureur de la République

Les CAC sont tenus de révéler au procureur de la République les faits délictueux dont ils ont eu connaissance, sans que leur responsabilité puisse être engagée par cette révélation (Code de commerce, art. L. 823-12 al. 2).

B. Les services autres que la certification des comptes (SACC)

De nombreuses missions peuvent être confiées par la loi ou le règlement au CAC.

▸ Exemples

• Dans le cadre de la prévention des difficultés des entreprises, la présentation de rapports et procédure d'alerte sont enclenchées par le CAC.
• La libération d'actions par compensation de créances, la réduction de capital, la distribution d'acomptes sur dividendes ou encore le commissariat aux apports, à la transformation ou à la fusion entrent dans les missions du CAC. ◂

D'autres services peuvent également être fournis (ex. : attestations particulières).

LE + DE L'EXPERT

Si les missions d'expertise comptable sont réglementées nationalement, les missions de CAC, et notamment celles qui sont relatives aux EIP, sont encadrées par des textes européens (directive et règlement).

42 Normes d'audit

Mots-clés

Cadre de référence • Norme d'exercice professionnel • Référentiel normatif des professionnels de l'expertise comptable

De nombreuses normes ont été édictées par plusieurs organisations en vue de fournir une base incontestable aux différentes missions d'audit. Il s'agit notamment :
- des normes internationales édictées par l'IAASB de l'IFAC ;
- des normes nationales édictées par l'OEC et par le H3C (↳ fiche 43).

1 Normes internationales d'audit

L'IAASB est une commission permanente du Conseil de l'IFAC (International Federation of Accountants) (↳ fiche 41). À ce jour, l'IAASB a publié un peu plus de quarante normes.

Au travers de ses normes, l'IAASB distingue les missions :
- d'audit (normes ISA) ;
- d'examen limité (normes ISRE) ;
- d'application des procédures convenues ;
- de compilation.

Conformément à la directive européenne relative aux contrôles légaux des comptes annuels et consolidés (↳ fiche 41), ces normes seront applicables dans l'Union européenne après adoption par la Commission.

2 Normes applicables aux professionnels de l'expertise comptable

Le **référentiel normatif des professionnels de l'expertise comptable**, établi par le Conseil national de l'Ordre des experts-comptables et homologué par arrêté ministériel se compose d'un **cadre de référence** qui distingue les différentes missions de l'expert-comptable et de plusieurs normes spécifiques.

Principales normes applicables aux professionnels de l'expertise comptable
- Norme professionnelle « Mission de présentation des comptes »
- Norme professionnelle « Mission d'examen limité des comptes »
- Norme professionnelle applicable à l'audit d'états financiers dans de petites entités

Aucune norme professionnelle ne s'applique à la mission d'audit dans de grandes entités, le cadre de référence des missions des professionnels de l'expertise comptable renvoyant aux normes internationales de l'IAASB.

3 Normes d'exercice professionnel relatives au commissariat aux comptes

Les **normes d'exercice professionnel** (NEP) sont adoptées par le H3C et homologuées par arrêté ministériel, après avis de la Compagnie nationale des commissaires aux comptes (CNCC). Elles font l'objet d'une publication au *Journal officiel* sous forme d'arrêtés ministériels. Elles continueront à s'appliquer tant que la Commission européenne n'aura pas adopté la norme internationale correspondante.

Principales normes d'exercice professionnel et normes IFAC correspondantes

NEP	Intitulés	Normes IFAC
	Aspects généraux	
NEP 200	Principes applicables à l'audit des comptes mises en œuvre dans le cadre de la certification des comptes	ISA 200
NEP 210	Lettre de mission	ISA 210
NEP 230	Documentation de l'audit des comptes	ISA 230
	Évaluation du risque d'anomalies significatives et procédures d'audit mises en œuvre	
NEP 300	Planification de l'audit	ISA 300
NEP 315	Connaissance de l'entité et de son environnement et évaluation du risque d'anomalies significatives dans les comptes	ISA 315
NEP 320	Application de la notion de caractère significatif lors de la planification et de la réalisation d'un audit	ISA 320
NEP 330	Procédures d'audit mises en œuvre par le CAC à l'issue de son évaluation des risques	ISA 330
	Caractère probant des éléments collectés	
NEP 500	Caractère probant des éléments collectés	ISA 500
NEP 501	Caractère probant des éléments collectés (applications spécifiques)	ISA 501
NEP 505	Demandes de conformation à des tiers	ISA 505
NEP 520	Procédures analytiques	ISA 520
NEP 560	Événements postérieurs à la clôture de l'exercice	ISA 560
NEP 570	Continuité de l'exploitation	ISA 570
NEP 580	Déclarations de la direction	ISA 580
	Rapports	
NEP 700	Rapport du CAC sur les comptes annuels et consolidés	ISA 700
NEP 701 et 702	Justification des appréciations dans les rapports du CAC sur les comptes annuels et consolidés (entités d'intérêt public – autres entités)	ISA 701
	Audit mis en œuvre dans certaines entités	
NEP 911	Mission du CAC nommé pour trois exercices, prévue à l'article L. 823-12-1 du Code de commerce	–
	Interventions en application d'autres dispositions légales ou réglementaires	
NEP 9510	Diligences du CAC relatives au rapport de gestion, aux autres documents sur la situation financière et les comptes et aux informations relevant du rapport sur le gouvernement d'entreprise adressé aux membres de l'organe appelé à statuer sur les comptes	–

LE + DE L'EXPERT

Prenez connaissance du contenu des normes d'audit applicables en France. Les normes d'exercice professionnel des CAC sont consultables sur www.cncc.fr, dans la rubrique « Réglementation ». Vous vous attacherez particulièrement aux NEP 200, 300, 315, 500, 501 et 700.

43 Cadre d'exercice de l'expert-comptable et du CAC

Mots-clés

Certification • Commissaire aux comptes • Entité d'intérêt public • Expert-comptable • Loi Pacte

Pour ce qui concerne les experts-comptables, le cadre légal et réglementaire repose sur l'ordonnance du 19 juillet 1945 et le décret 2012-432 du 30 mars 2012 relatif à l'exercice de l'activité d'expertise comptable.

Le commissaire aux comptes, quant à lui, exerce une mission dans les conditions fixées par le Code de commerce (art. L. 820-1 à 824-16) et les dispositions réglementaires qui l'accompagnent, lesquelles présentent les règles relatives à l'organisation de la profession, au statut des CAC et à l'exercice du contrôle légal.

1 Cadre d'exercice de la profession d'expert-comptable

Ordonnance du 19 septembre 1945, art. 2 modifié. Est expert-comptable ou réviseur comptable celui qui fait profession habituelle de réviser et d'apprécier les comptabilités des entreprises et organismes auxquels il n'est pas lié par un contrat de travail. Il est également habilité à attester la régularité et la sincérité des bilans et des comptes de résultats.

L'expert-comptable s'engage également à tenir, centraliser, ouvrir, arrêter, surveiller, redresser et consolider les comptabilités des entreprises et organismes auxquels il n'est pas lié par un contrat de travail.

A. Conditions d'exercice de la profession

Pour être expert-comptable, il faut réunir quatre conditions :

Conditions d'exercice de la profession d'expert-comptable

Jouissance des **droits civils**
+
Absence de condamnation entachant l'honorabilité ou interdisant de gérer/administrer
+
Diplôme français d'expertise comptable ou équivalent
+
Garanties de moralité exigées par l'Ordre des experts-comptables

Depuis la loi Pacte du 22 mai 2019 relative à la croissance et à la transformation des entreprises, les CAC non titulaires du diplôme d'expertise comptable peuvent, dans un délai de 5 ans à compter de la date de promulgation de la loi, demander leur inscription au tableau de l'Ordre en qualité d'expert-comptable.

La loi Pacte a également permis l'inscription au tableau de l'Ordre, en qualité d'expert-comptable en entreprise, des salariés d'une entité juridique non membre de l'OEC remplissant les conditions nécessaires (jouissance de droits civils, non-condamnation, diplôme, moralité).

B. Organisation de la profession

Les experts-comptables sont organisés en conseils régionaux et en un conseil national.

Les conseils régionaux de l'Ordre des experts-comptables

Dans chacune des circonscriptions régionales (nouvelles régions depuis la loi Pacte), il est créé un conseil régional de l'Ordre des experts-comptables (OEC). Les membres du conseil régional sont élus par les membres de l'Ordre inscrits au tableau de la région.

Le conseil régional a notamment pour mission de :
- surveiller dans sa circonscription l'exercice de la profession d'expert-comptable ;
- assurer la défense des intérêts matériels de l'Ordre et d'en gérer les biens ;
- statuer sur les demandes d'inscription au tableau ;
- surveiller et contrôler les stages ;
- fixer et recouvrer les cotisations qui doivent être versées par les membres de l'Ordre pour couvrir les frais de fonctionnement administratif de celui-ci ;
- saisir le Conseil national de toutes requêtes ou suggestions concernant la profession.

Le Conseil national de l'Ordre des experts-comptables

Le Conseil national de l'Ordre des experts-comptables (CNOEC) est composé des présidents des conseils régionaux et de membres élus. Le Conseil national a notamment pour mission :
- d'assurer l'administration de l'Ordre et la gestion de son patrimoine ;
- de préparer le code de déontologie dont les dispositions sont édictées sous la forme d'un décret (↪ fiche 44) et établir un règlement intérieur ;
- de délibérer sur toute question intéressant la profession, élaborer les règles professionnelles, soumises à l'agrément des ministres chargés du budget et de l'économie, et organiser le contrôle de leur application ;
- de représenter l'Ordre auprès des pouvoirs publics et leur donner son avis ;
- d'assurer le fonctionnement régulier des divers organismes de l'Ordre, coordonner l'activité des conseils régionaux dans le cadre des orientations de l'Ordre ;
- d'adresser à l'autorité de tutelle des avis sur les conditions d'exercice de la profession et du stage ainsi que sur le programme des examens comptables ;
- de participer, sur le plan international, aux organisations professionnelles et actions intéressant l'exercice de la profession.

2 Cadre d'exercice de la profession de commissaire aux comptes

A. Haut Conseil du commissariat aux comptes

Le Haut Conseil du commissariat aux comptes (H3C) a pour mission d'assurer la surveillance de la profession avec le concours de la CNCC et de veiller au respect de la déontologie et de l'indépendance des CAC. Il est en particulier chargé de :
- procéder à l'inscription des commissaires aux comptes et à la tenue des listes de CAC ;
- adopter les normes relatives à la déontologie des CAC, au contrôle interne de qualité et à l'exercice professionnel ;

- prononcer des sanctions dans les conditions par le Code de commerce et relatives à la nomination, la révocation, la récusation et la mission du CAC ;
- arbitrer le renouvellement des commissaires des **entités d'intérêt public** (EIP) ;
- conduire les procédures disciplinaires à l'encontre des CAC des EIP.

B. Établissement de la liste des commissaires aux comptes

Les fonctions de CAC sont exercées par des personnes physiques ou par des sociétés inscrites sur une liste établie par le H3C. L'article L. 822-1-1 du Code de commerce impose quatre conditions à l'exercice de la profession :

Nationalité française ou d'un pays de l'UE (ou accordant un droit réciproque de certification des comptes)

\+

Absence de condamnation pénale ou disciplinaire entachant l'honneur ou la probité, de faillite personnelle, de déchéance ou d'interdiction d'exercice

\+

Existence d'un stage professionnel de 3 ans chez une personne agréée

\+

Réussite aux épreuves du certificat d'aptitude ou diplôme d'expertise comptable

C. Organisation de la profession de commissaire aux comptes

La CNCC groupe tous les CAC et sociétés de CAC inscrits. Chaque compagnie régionale groupe les CAC et sociétés de CAC figurant sur la liste dressée par le H3C pour le ressort de chaque conseil régional. Chaque compagnie régionale est administrée par un conseil régional. La Compagnie nationale est administrée par un Conseil national.

Conseils régionaux de commissaires aux comptes

Les conseils régionaux (nouvelles régions depuis la loi Pacte) ont notamment pour mission, outre l'administration de la compagnie régionale et la gestion de son patrimoine :
- de représenter la profession et défendre ses intérêts moraux et matériels ;
- de surveiller l'exercice de la profession dans la circonscription ;
- d'examiner toutes réclamations de la part des tiers contre les CAC membres de la compagnie régionale, à l'occasion de l'exercice de la profession ;
- de mettre à la disposition de ses membres les services d'intérêt commun qui apparaîtraient nécessaires au bon fonctionnement de la profession.

Conseil national des commissaires aux comptes

Le Conseil national est notamment chargé de l'administration et de la gestion des biens de la Compagnie nationale. Il représente la CNCC auprès des pouvoirs publics, soumet aux pouvoirs publics toutes propositions utiles relatives à l'organisation professionnelle et à la mission de CAC et communique au H3C les déclarations annuelles d'activité des CAC.

D. Désignation et cessation des fonctions de commissaires aux comptes

Nomination de commissaire aux comptes

En dehors des cas de nomination statutaire, les CAC sont désignés :

- par l'AGO, pour les personnes morales dotées de cette instance ;
- par l'organe exerçant une fonction analogue compétent, en vertu des règles qui s'appliquent aux autres personnes ou entités.

Un ou plusieurs CAC suppléants, appelés à remplacer les titulaires en cas de refus, d'empêchement, de démission ou de décès sont désignés dans les mêmes conditions (sauf si le titulaire fait partie d'une société pluripersonnelle).

Les sociétés astreintes à publier des comptes consolidés sont tenues de désigner au moins deux CAC.

Règles de désignation des commissaires aux comptes

Depuis la loi Pacte du 22 mai 2019, les SA, les sociétés en commandite par actions et en commandite simple, les SAS, les SARL et les SNC, les personnes de droit privé non commerçantes, lesquelles sont tenues de désigner au moins un CAC lorsqu'elles dépassent à la clôture de l'exercice social deux des trois seuils suivants :

- total du bilan : 4 M€ ;
- chiffre d'affaires : 8 M€ ;
- effectif moyen : 50.

Sont aussi soumises à l'obligation de commissariat aux comptes les GIE, les associations et certaines entités du secteur public.

Durée de la mission

Les CAC sont nommés pour six exercices. Des dispositions particulières, notamment relatives au renouvellement et aux missions autres que la **certification**, sont applicables aux CAC des entités d'intérêt public.

▸ Exemple

Les entités cotées sur un marché réglementé, établissements de crédit, entreprises d'assurance font l'objet de dispositions particulières. ◂

Les fonctions du CAC expirent après la délibération de l'assemblée générale ou de l'organe compétent qui statue sur les comptes du sixième exercice.

Les CAC peuvent être récusés, ou relevés de leur fonction avant l'expiration normale par décision de justice. L'expiration de leurs fonctions peut aussi survenir à l'échéance du terme, ou encore pour démission, suspension ou radiation.

L'empêchement, de même que la dissolution de la société, le redressement et la liquidation judiciaire, ne met pas fin automatiquement aux fonctions du commissaire.

LE + DE L'EXPERT

La loi Pacte du 22 mai 2019 (et ses décrets d'application) a profondément modifié les missions de l'expert-comptable et du commissaire aux comptes. Le statut d'expert-comptable en entreprise est désormais juridiquement consacré.

44 Déontologie et responsabilité de l'auditeur

Mots-clés

Code de déontologie • Confraternité • Conscience professionnelle • Devoir de conseil • Discrétion • Esprit critique • Impartialité • Indépendance • Intégrité • Responsabilité civile, pénale et disciplinaire • Secret professionnel

Les professions de CAC et d'expert-comptable sont soumises à de nombreuses règles à caractère déontologique. Le **code de déontologie** des CAC (annexe 8.1 partie réglementaire du Code de commerce) définit les règles professionnelles auxquelles est soumis le CAC dans l'accomplissement de sa mission. Le Code de déontologie des professionnels de l'expertise comptable est intégré dans le décret 2012-432 du 30 mars 2012 relatif à l'exercice de l'activité d'expertise comptable (articles 141 à 169).

Commissaires aux comptes et experts-comptables engagent leur **responsabilité civile, pénale et disciplinaire.**

1 Intégrité et probité

Code de déontologie des CAC, art. 3. Le commissaire aux comptes exerce son activité professionnelle avec honnêteté et droiture. Il s'abstient, en toutes circonstances, de tout agissement contraire à l'honneur et à la probité.

Code de déontologie des experts-comptables, art. 145. Les personnes mentionnées à l'article 141 (experts-comptables, sociétés d'expertise comptable, experts-comptables stagiaires, salariés des centres de gestion agrées inscrits au tableau de l'Ordre des experts-comptables) exercent leur activité avec compétence, **conscience professionnelle** et **indépendance** d'esprit. Elles s'abstiennent, en toutes circonstances, d'agissements contraires à la probité, l'honneur et la dignité [...].

2 Impartialité

Code de déontologie des CAC, art. 4. Dans l'exercice de son activité professionnelle, le commissaire aux comptes conserve en toutes circonstances une attitude impartiale. Il fonde ses conclusions et ses jugements sur une analyse objective de l'ensemble des données dont il a connaissance, sans préjugé ni parti pris. Il évite toute situation qui l'exposerait à des influences susceptibles de porter atteinte à son **impartialité**.

3 Indépendance et prévention des conflits d'intérêt

Code de déontologie des CAC, art. 5. I. Le commissaire aux comptes doit être indépendant de la personne ou de l'entité à laquelle il fournit une mission ou une prestation [...].

II. L'indépendance du commissaire aux comptes s'apprécie en réalité et en apparence. Elle se caractérise par l'exercice en toute objectivité des pouvoirs et des compétences qui sont conférés par la loi. Elle garantit qu'il émet des conclusions exemptes de tout parti pris, conflit d'intérêts, risque d'autorévision ou influence liée à des liens personnels, financiers ou professionnels directs ou indirects [...].

III. Lorsqu'il se trouve exposé à des situations à risque, le commissaire aux comptes prend immédiatement les mesures de sauvegarde appropriées en vue, soit d'en éliminer la cause, soit d'en réduire les effets à un niveau suffisamment faible pour que son indépendance ne risque pas d'être affectée [...].

IV. Tant à l'occasion qu'en dehors de l'exercice de sa mission, le commissaire aux comptes évite de se placer dans une situation qui compromettrait son indépendance [...].

Code de déontologie des experts-comptables, art. 145. Les personnes mentionnées à l'article 141 exercent leur activité avec compétence, conscience professionnelle et indépendance d'esprit [...].

Elles doivent en conséquence s'attacher [...].

4. À ne jamais se placer dans une situation qui puisse diminuer leur libre arbitre ou faire obstacle à l'accomplissement de tous leurs devoirs ;

5. À ne jamais se trouver en situation de conflit d'intérêts.

4 Scepticisme professionnel et esprit critique

Code de déontologie des CAC, art. 6. Dans l'exercice de son activité professionnelle, le commissaire aux comptes adopte une attitude caractérisée par un **esprit critique**.

Le CAC doit rester attentif aux éléments qui pourraient révéler l'existence d'éventuelles anomalies significatives dues à une erreur ou à une fraude en procédant à une évaluation critique des éléments probants pour la certification des comptes.

5 Compétence et diligence

Code de déontologie des CAC, art. 7. Le commissaire aux comptes doit posséder les connaissances théoriques et pratiques nécessaires à la réalisation de ses missions et prestations. Il maintient un niveau élevé de compétence, notamment par la mise à jour régulière de ses connaissances et la participation à des actions de formation.

Le commissaire aux comptes veille à ce que ses collaborateurs disposent des compétences appropriées à la bonne exécution des tâches qu'il leur confie et à ce qu'ils reçoivent et maintiennent un niveau de formation approprié.

Lorsqu'il n'a pas les compétences requises pour réaliser lui-même certains travaux indispensables à la réalisation de sa mission ou de sa prestation, le commissaire aux comptes fait appel à des experts indépendants de la personne ou de l'entité pour laquelle il les réalise.

Le commissaire aux comptes doit faire preuve de conscience professionnelle, laquelle consiste à exercer chaque mission ou prestation avec diligence et à y consacrer le soin approprié.

Code de déontologie des experts-comptables, art. 145. Les personnes mentionnées à l'article 141 exercent leur activité avec compétence, conscience professionnelle et indépendance d'esprit [...]

Elles doivent en conséquence s'attacher :

1. À compléter et mettre à jour régulièrement leur culture professionnelle et leurs connaissances générales [...].

6 Confraternité, assistance et courtoisie

Code de déontologie des CAC, art. 8. Dans le respect des obligations attachées à leur activité professionnelle, les commissaires aux comptes entretiennent entre eux des rapports de confraternité. Ils se gardent de tout acte ou propos déloyal à l'égard d'un confrère ou susceptible de ternir l'image de la profession.

Ils s'efforcent de résoudre à l'amiable leurs différends professionnels. Si nécessaire, ils recourent à la conciliation du président de leur compagnie régionale ou, s'ils appartiennent à des compagnies régionales distinctes, des présidents de leur compagnie respective.

Code de déontologie des experts-comptables, art. 161. Les personnes mentionnées à l'article 141 se doivent assistance et courtoisie réciproques.

Elles doivent s'abstenir de toute parole blessante, de toute attitude malveillante, de tout écrit public ou privé, de toute démarche ou manœuvre susceptible de nuire à la situation de leurs confrères […].

7 Secret professionnel et discrétion

Code de déontologie des CAC, art. 9. Le commissaire aux comptes respecte le secret professionnel auquel la loi le soumet. Il ne communique les informations qu'il détient qu'aux personnes légalement qualifiées pour en connaître.

Il fait preuve de prudence et de discrétion dans l'utilisation des informations qui concernent des personnes ou entités auxquelles il ne fournit pas de mission ou de prestation.

Il ressort de l'article 21 de l'ordonnance du 19 septembre 1945 et des articles 226-13 et 226-14 du Code pénal que le professionnel de l'expertise comptable commet le délit d'atteinte au secret professionnel pénal lorsqu'il révèle une information à caractère secret dont il est dépositaire.

8 Devoir de conseil de l'expert-comptable

Code de déontologie des experts-comptables, art. 155. Dans la mise en œuvre de chacune de leurs missions, les personnes mentionnées à l'article 141 sont tenues vis-à-vis de leur client ou adhérent à un devoir d'information et de conseil, qu'elles remplissent dans le respect des textes en vigueur.

9 Conscience professionnelle

Code de déontologie des experts-comptables, art. 145. Les personnes mentionnées à l'article 141 exercent leur activité avec compétence, conscience professionnelle et indépendance d'esprit […]. Elles doivent en conséquence s'attacher […] à donner à chaque question examinée tout le soin et le temps qu'elle nécessite, de manière à acquérir une certitude suffisante avant de faire toute proposition.

10 Responsabilité civile, pénale et professionnelle

	Responsabilité du commissaire aux comptes	Responsabilité de l'expert-comptable
Responsabilité civile	Obligation de moyens : responsabilité tant à l'égard de la personne ou de l'entité que des tiers, des conséquences dommageables des fautes et négligences par eux commises dans l'exercice de leurs fonctions.	• Obligation de nature contractuelle dans ses relations avec son client ou quasi délictuelle vis-à-vis des tiers. • L'expert-comptable, comme toute profession libérale, est tenu de renseigner et de conseiller.
Responsabilité pénale	Définie par la loi : infractions relatives aux incompatibilités, aux délits d'informations mensongères, de non-révélation des faits délictueux, à la violation du secret professionnel, à l'exercice illégal de la profession, à la complicité au titre des délits commis par les administrateurs, le personnel de direction et d'exécution de la société…	• Complicité de délits de droit commun (faux en écriture ou usage de faux, abus de confiance, d'escroquerie, de banqueroute) ou liés au droit des entreprises (procédures collectives, droit des sociétés et autres délits fiscaux). • Concours à de telles infractions, notamment en cas de présentation de faux bilans ou de comptabilité frauduleuse.
Responsabilité disciplinaire	• Manquement aux conditions légales d'exercice de la profession et toute négligence grave et tout fait contraire à la probité ou à l'honneur. • Sanctions : avertissement, blâme, interdiction temporaire, radiation de la liste, retrait de l'honorariat.	• Contravention aux lois et règlements, infraction aux règles professionnelles, manquement à la probité, à l'honneur ou à la délicatesse, même non liés à l'activité professionnelle. • Sanctions : réprimande, blâme, suspension, radiation.

LE + DE L'EXPERT

La responsabilité des auditeurs (experts-comptables et CAC) peut être de nature civile, pénale ou disciplinaire. Les sanctions varient selon le cas : dommages et intérêts en matière civile ; amende et/ou emprisonnement en matière pénale ; sanctions professionnelles en matière disciplinaire (avertissement, blâme, suspension, radiation, etc.).

45 Audit des comptes individuels et consolidés

Mots-clés

Anomalie significative • Contrôle de substance • Événement postérieur • Fin de mission • Lettre d'affirmation • Lettre de mission • Mission ALPE • Planification • Rapport d'audit • Test de procédures

La démarche suivie par l'auditeur pour effectuer sa mission comprend, en se référant notamment aux normes d'exercice professionnel relatives à l'audit, cinq grandes étapes :
- acceptation de la mission ;
- évaluation des risques et planification ;
- procédures mises en œuvre à l'issue de l'évaluation des risques ;
- travaux de fin de mission ;
- établissement du rapport d'audit.

1 Déroulement de la mission d'audit

Le déroulement de la mission d'audit peut être schématisé comme suit :

	Principales tâches
Acceptation de la mission	Prise de connaissance globale, lettre de mission (NEP 210)
Évaluation des risques et planification	Prise de connaissance de l'entité y compris son contrôle interne (NEP 315) : évaluation des risques d'anomalies significatives et seuil de signification (NEP 320), plan de mission (NEP 300)
Procédures mises en œuvre à l'issue de l'évaluation des risques	Adaptation de la démarche d'audit (NEP 330)
	Appréciation du contrôle interne par des tests de procédures (NEP 500)
	Contrôle de substance : éléments probants et procédures analytiques (NEP 500 à 540)
Travaux de fin de mission	Événements postérieurs (NEP 560), lettre d'affirmation (NEP 580), revue de la documentation d'audit (NEP 230), etc.
Rapports et communications	Rapport général, rapport spécial, rapport au conseil d'administration, rapport sur le rapport du conseil d'administration sur le gouvernement d'entreprise (NEP 700, 701, 702 et 9510)

2 Acceptation de la mission

L'auditeur et la direction de l'entité doivent convenir des termes et conditions de la mission. Les termes convenus sont consignés dans une lettre de mission d'audit ou dans tout type de contrat adéquat.

▶ Exemple

Contenu type d'une lettre de mission

- Identité des parties
- Présentation globale de la mission

- Nature et l'étendue des interventions que l'auditeur entend mener conformément aux dispositions du Code de commerce, des normes d'exercice professionnel et de la doctrine professionnelle du CNCC
- Façon dont seront portées à la connaissance des organes dirigeants les conclusions issues de ses interventions
- Dispositions relatives aux signataires, aux intervenants et au calendrier
- Nécessité de l'accès sans restriction à tout document comptable, pièce justificative ou autre information demandée dans le cadre de ses interventions
- Rappel des informations et documents que la personne ou l'entité doit lui communiquer ou mettre à sa disposition
- Souhait de recevoir une confirmation écrite des organes dirigeants de la personne ou de l'entité pour ce qui concerne les déclarations faites à l'auditeur en lien avec sa mission
- Budget d'honoraires et les conditions de facturation
- Clauses diverses : possibilité de réalisation du contrat, clauses de responsabilité, extension possible de la mission (notamment dans le cadre d'un audit contractuel), exercice du secret professionnel, etc. ◂

3 Évaluation des risques et planification

L'auditeur doit planifier le travail d'audit pour que celui-ci soit réalisé de manière efficiente. Cette étape comprend notamment les phases suivantes : prise de connaissance de l'entité et de son secteur d'activité, évaluation des risques, détermination du seuil de signification, élaboration du programme de travail (↳ fiche 46).

4 Procédures mises en œuvre à l'issue de l'évaluation des risques

Elles comprennent des tests de procédures, des contrôles de substance ou une approche mixte utilisant à la fois des tests de procédures et des contrôles de substance :

- Les **tests de procédures** permettent d'obtenir des éléments probants sur l'efficacité de la conception et du fonctionnement des systèmes comptables et du contrôle interne.
- Les **contrôles de substance** (contrôles substantifs) désignent des procédures visant à obtenir des éléments probants afin de détecter des **anomalies significatives** dans les états financiers. Ils sont de deux types :
  - contrôles portant sur le détail des opérations et des soldes ;
  - procédures analytiques (↳ fiches 47, 48 et 49).

5 Travaux de fin de mission

Les travaux de fin d'exercice passent notamment par l'examen des **événements postérieurs** à la clôture de l'exercice et par la remise par la direction d'une ou plusieurs lettres d'affirmation. Ils nécessitent aussi la revue de la documentation.

A. Événements postérieurs à la clôture de l'exercice

Entre la date de clôture de l'exercice et la date d'approbation des comptes, l'auditeur peut identifier des événements nécessitant un traitement comptable ou une information de l'organe appelé à statuer sur les comptes. Il doit alors :

- prendre connaissance des procédures mises en place par la direction pour identifier ces événements ;

- consulter les procès-verbaux ou les comptes rendus des réunions tenues par l'organe appelé à statuer sur les comptes, par l'organe d'administration ou de surveillance et par la direction après la date de clôture de l'exercice ;
- prendre connaissance, le cas échéant, des dernières situations intermédiaires et des derniers documents prévisionnels établis par l'entité ;
- s'enquérir auprès des personnes compétentes de l'entité de l'évolution des procès, contentieux et litiges depuis ses derniers contrôles ;
- s'enquérir auprès de la direction de sa connaissance de la survenance d'événements postérieurs.

Procédure à suivre par l'auditeur en cas d'événement postérieur

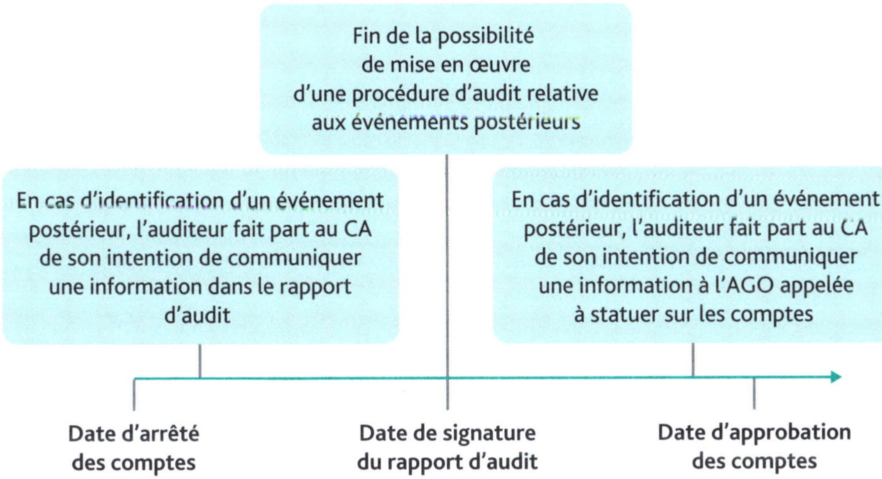

B. Lettre d'affirmation

Définition

Une **lettre d'affirmation** est un courrier récapitulant et complétant, notamment à la fin des travaux, certaines déclarations importantes qui ont une incidence sur les projets de conclusions du CAC et qui lui ont été faites, par les dirigeants ou le personnel de direction de l'entreprise, au cours de sa mission.

Une lettre d'affirmation est adressée par la direction d'une entreprise à un CAC. Elle permet à ce dernier d'obtenir, sur des aspects significatifs, des déclarations écrites de la direction dès lors qu'il ne peut raisonnablement exister d'autres éléments probants suffisants et appropriés.

La lettre d'affirmation mentionne, le plus souvent, des éléments ayant trait à la marche de l'entreprise pour lesquels il n'existe pas, ou pas encore au moment de la vérification, de preuve écrite.

C. Revue de la documentation

Le CAC doit constituer, pour chaque entité qu'il contrôle, un dossier contenant la documentation de l'audit des comptes. Il doit documenter ses travaux au fur et à mesure de leur réalisation. Au-delà de la date de signature de son rapport, le CAC ne peut apporter aucune modification de fond aux éléments de documentation.

6 Établissement du rapport d'audit

Le rapport d'audit constitue l'aboutissement des travaux de l'auditeur. Il doit apporter une réponse aussi précise que possible à une question non moins précise.

L'opinion formulée dans le rapport sera différente selon la mission de l'auditeur (audit ou examen limité pour le CAC, audit, examen limité ou présentation pour l'expert-comptable) (↪ fiche 50).

7 Mission d'audit légal des petites entreprises (mission ALPE)

La mission ALPE introduite par la loi Pacte dispose que, dans les petites entités ne dépassant pas, à la clôture de l'exercice, deux des trois critères réglementaires (total du bilan de 4 M€, chiffre d'affaires de 8 M€, nombre moyen de salariés de 50) et non tenues légalement d'avoir un commissaire aux comptes, un CAC peut néanmoins être nommé volontairement par l'assemblée générale de l'entité avec une durée de mandat limitée à trois ans.

Dans ce cas, la mission du commissaire aux comptes se limite à la certification des comptes annuels (voire des comptes consolidés) ainsi qu'au maintien des obligations d'alerte et de révélation des faits délictueux. Le CAC est exempté de certaines vérifications (conventions réglementées, convocation des assemblées, attestation des personnes les mieux rémunérées, mention des prises de participation…). Deux rapports doivent être établis par le commissaire aux comptes :

- le rapport de certification ;
- un rapport au dirigeant sur les risques financiers, comptables et de gestion. Pour une entité tête de groupe, ce rapport porte sur l'ensemble que la société forme avec les sociétés qu'elle contrôle.

LE ✚ DE L'EXPERT

La lettre de mission est un document essentiel dans la procédure d'audit. Elle formalise les obligations de l'auditeur et de l'entité auditée.

46 Évaluation des risques et planification de la mission

Mots-clés

Plan de mission • Planification • Programme de travail • Risque d'audit • Risque d'anomalies significatives • Risque inhérent • Risque lié au contrôle interne • Risque de non-détection • Seuil de signification

L'auditeur doit planifier le travail d'audit pour que celui-ci soit réalisé de manière efficiente. Il comprend notamment les étapes suivantes : la prise de connaissance de l'entité et de son secteur d'activité, l'évaluation des risques, la détermination du seuil de signification, l'élaboration du programme de travail.

1 Prise de connaissance de l'entité

La prise de connaissance permet à l'entité de mieux comprendre les événements pouvant avoir une incidence significative sur les comptes, et de tenir compte de ces éléments dans la planification de sa mission.

L'auditeur doit prendre connaissance notamment :
- du secteur d'activité de l'entité ;
- de ses caractéristiques ;
- de ses objectifs ;
- de la mesure et de l'analyse des indicateurs de performance financière de l'entité ;
- des éléments du contrôle interne pertinents pour l'audit.

2 Évaluation des risques

Les missions requises de l'auditeur peuvent avoir des natures diverses (ex. : audit, examen limité, procédures convenues), qui impliquent des niveaux d'assurance différents. L'auditeur se doit donc, en même temps qu'il prend connaissance de l'entreprise, d'effectuer une mesure préalable du risque de la mission.

Définition

Le **risque d'audit** correspond à la possibilité pour l'auditeur de formuler une opinion inappropriée eu égard aux circonstances (ex. : opinion sans réserves en cas d'anomalie significative).

Le risque d'audit comprend deux composantes.

Dualité du risque d'audit

A. Risque d'anomalies significatives

Le **risque d'anomalies significatives** dans les comptes est propre à l'entité ; il existe indépendamment de l'audit des comptes. Il se subdivise en :

- Le **risque inhérent** correspond à la possibilité qu'une assertion portant sur un flux de transactions, un solde de compte ou une information fournie, comporte une anomalie qui pourrait être significative, individuellement ou cumulée avec d'autres, avant la prise en compte des contrôles y afférents.
- Le **risque lié au contrôle interne** correspond au risque qu'une anomalie significative ne soit ni prévenue ni détectée par le contrôle interne de l'entité et donc non corrigée en temps voulu.

B. Risque de non-détection des anomalies

Le **risque de non-détection** est propre à la mission d'audit : il correspond au risque que les procédures mises en œuvre par l'auditeur pour réduire le risque d'audit à un niveau faible acceptable ne détectent pas une anomalie qui existe et qui pourrait être significative, soit prise individuellement, soit cumulée avec d'autres anomalies.

L'ensemble de la démarche d'audit peut se mesurer par cette équation :

Risque inhérent × Risque lié au contrôle interne
× Risque de non-détection = Risque d'audit

L'auditeur se doit de fixer un risque d'audit acceptable : il ne lui reste plus qu'à évaluer chacune des composantes (le risque inhérent et le risque lié au contrôle sont souvent corrélés). Si le risque inhérent et le risque lié au contrôle sont faibles, l'auditeur pourra limiter ses contrôles, le risque de non-détection ayant un effet réduit sur le risque d'audit.

Relations entre les risques d'audit

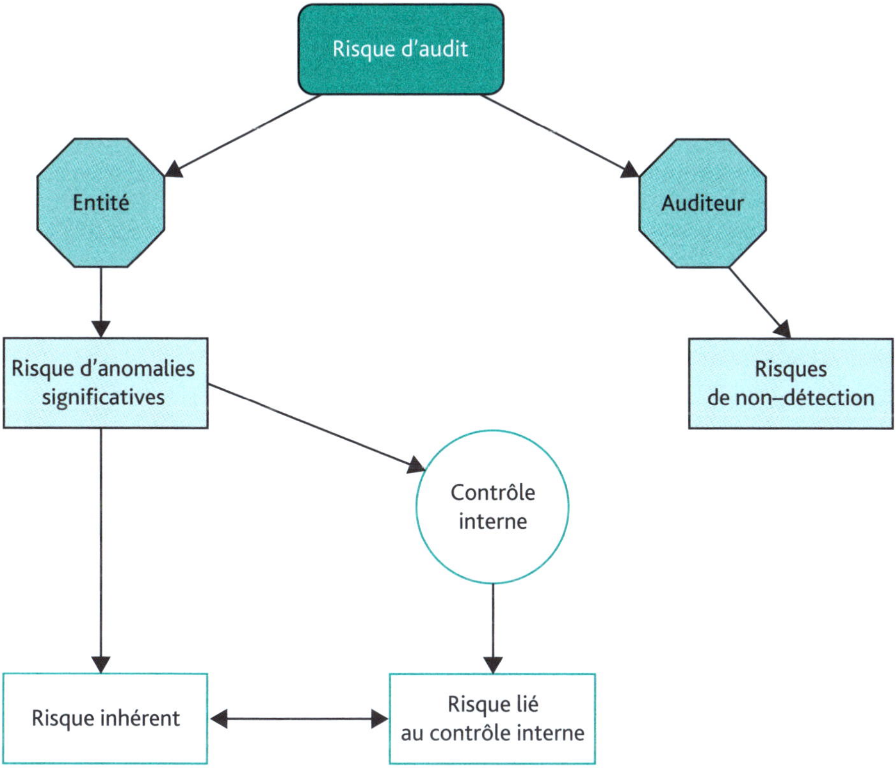

3 Fixation du seuil de signification

Définition

Le **seuil de signification** est défini par la NEP 320 comme le « montant au-delà duquel les décisions économiques ou le jugement fondé sur les comptes sont susceptibles d'être influencés ».

La CNCC fait notamment ressortir qu'il y importance relative lorsque l'élément considéré a une incidence sur (sauf s'il existe des circonstances particulières, comme une non-continuité d'exploitation, par exemple, pour rendre l'élément moins important) :
- l'actif net de 5 % à 10 %, ou plus ;
- le bénéfice net après impôt de 5 % à 10 %, ou plus ;
- des rubriques du bilan de plus de 10 %.

Sont généralement pris comme base pour la détermination du seuil de signification :
- le résultat courant ;
- le résultat net ;
- le chiffre d'affaires ;

- les capitaux propres ;
- l'endettement net.

▸ Exemple

Vous avez constaté que le résultat courant après impôt (résultat ne tenant pas compte des résultats exceptionnels) de la société Alpha a été au cours des trois années N–3, N–2, et N–1 respectivement de 520 000 €, 480 000 € et 620 000 €. En prenant un taux de 5 % sur le bénéfice courant après impôt moyen des 3 dernières années, le seuil de signification global de l'entreprise sera fixé à 520 000 + 480 000 + 620 000 / 3 × 5 % = 27 000 €. Il faudra ensuite, lors des contrôles spécifiques, voir si ce seuil ne dépasse pas 10 % du montant contrôlé. ◂

4 Planification, plan de mission et programme de travail

L'audit des comptes doit faire l'objet d'une planification. Celle-ci est formalisée notamment dans un **plan de mission** et un **programme de travail**.

A. Planification

La planification consiste à prévoir :
- l'approche générale des travaux ;
- les procédures d'audit à mettre en œuvre par les membres de l'équipe d'audit ;
- la nature et l'étendue de la supervision des membres de l'équipe d'audit et la revue de leurs travaux ;
- la nature et l'étendue des ressources nécessaires pour réaliser la mission, y compris le recours éventuel à des experts ;
- le cas échéant, la coordination des travaux avec les interventions d'experts ou d'autres professionnels chargés du contrôle des comptes des entités du périmètre de consolidation.

B. Plan de mission

Le plan de mission décrit l'approche générale des travaux, qui comprend notamment :
- l'étendue, le calendrier et l'orientation des travaux ;
- le ou les seuils de signification retenus ;
- les lignes directrices nécessaires à la préparation du programme de travail.

Le plan de mission doit tenir compte de l'évaluation des risques préalablement analysés.

C. Programme de travail

Le programme de travail définit la nature et l'étendue des diligences estimées nécessaires, au cours de l'exercice, à la mise en œuvre du plan de mission, compte tenu des prescriptions légales et des normes d'exercice professionnel ; il indique le nombre d'heures de travail affectées à l'accomplissement de ces diligences et les honoraires correspondants.

LE + DE L'EXPERT

La planification de l'audit, l'établissement du plan de mission et des programmes de travail par l'auditeur sont fonction du risque d'audit accepté, lequel peut être matérialisé par un ou plusieurs seuils de signification.

47 Procédures mises en œuvre dans une mission d'audit

Mots-clés

Contrôle interne • Contrôle de substance • Demande de confirmation • Élément probant • Inspection • Observation physique • Procédure analytique • Sondage • Test de procédures

Les procédures d'audit comprennent des tests de procédures, des contrôles de substance, ou une approche mixte utilisant les deux à la fois (↳ fiche 46).

Différents types de procédures et de contrôles peuvent être envisagés.

1 Appréciation du contrôle interne

À partir des orientations données par son programme de travail, l'auditeur doit effectuer une analyse du système de contrôle interne de l'entreprise afin d'en apprécier les points forts et les points faibles et de déterminer la nature, l'étendue et le calendrier de ses travaux de contrôle des comptes (↳ fiche 48).

2 Obtention d'éléments probants

Les éléments probants désignent les informations obtenues par l'auditeur pour aboutir à des conclusions sur lesquelles son opinion est fondée. Ces informations sont constituées de documents justificatifs et de documents comptables supportant les états financiers et qui corroborent des informations provenant d'autres sources.

Éléments collectés apportant au CAC un faisceau de preuves ou de présomptions quant au respect d'une ou plusieurs assertions (source : NEP 500 § 9)

- Assertions concernant les flux d'opérations et les événements survenus au cours de la période :
  - réalité : les opérations et les événements qui ont été enregistrés se sont produits et se rapportent à l'entité ;
  - exhaustivité : toutes les opérations et tous les événements qui auraient dû être enregistrés l'ont bien été ;
  - mesure : les montants et autres données relatives aux opérations et événements ont été correctement enregistrés ;
  - séparation des exercices : les opérations et les événements ont été enregistrés dans la bonne période ;
  - classification : les opérations et les événements ont été enregistrés dans les comptes adéquats.
- Assertions concernant les soldes des comptes en fin de période :
  - existence : les actifs et les passifs existent ;
  - droits et obligations : l'entité détient et contrôle les droits sur les actifs, et les dettes correspondent aux obligations de l'entité ;
  - exhaustivité : tous les actifs et passifs qui auraient dû être enregistrés l'ont bien été ;

- évaluation et imputation : les actifs et les passifs sont inscrits dans les comptes pour des montants appropriés et tous les ajustements résultant de leur évaluation ou imputation sont correctement enregistrés.

- Assertions concernant la présentation des comptes et les informations fournies dans l'annexe :
  - réalité et droits et obligations : les événements, les transactions et les autres éléments fournis se sont produits et se rapportent à l'entité ;
  - exhaustivité : toutes les informations relatives à l'annexe des comptes requises par le référentiel comptable ont été fournies ;
  - présentation et intelligibilité : l'information financière est présentée et décrite de manière appropriée, et les informations données dans l'annexe des comptes sont clairement présentées ;
  - mesure et évaluation : les informations financières et les autres informations sont données fidèlement et pour les bons montants.

3 Inspection des enregistrements et documents

Ces procédures d'**inspection** consistent, pour l'auditeur à reprendre le travail effectué par l'entreprise et analyser chaque opération enregistrée. Cette procédure, très lourde, ne s'applique en fait que lorsque la nature du poste contrôlé implique des difficultés de comptabilisation, d'erreur fréquente quant au contenu ou des risques de fraude.

Il peut s'agir notamment des :
- prêts ;
- titres de participations et VMP ;
- fournisseurs débiteurs ou clients créditeurs ;
- autres débiteurs et autres créanciers ;
- autres produits et autres charges ;
- produits et charges exceptionnels.

4 Inspection des actifs corporels

L'**inspection** d'un actif corporel concerne certains postes et en particulier :
- les stocks ;
- d'autres éléments, comme les immobilisations corporelles, les effets ou les espèces en caisse.

Deux critères principaux d'inspection doivent être retenus : l'importance relative et la relativité du risque.

5 Observation physique

Définition

L'**observation physique** consiste à examiner la façon dont une procédure est exécutée au sein de l'entité. L'appréciation du contrôle interne utilise généralement cette procédure.

L'observation physique peut aussi s'appliquer à d'autres domaines.

▶ **Exemple**

L'appréciation des estimations comptables peut faire l'objet d'une observation physique. ◀

6 Demande d'information

L'auditeur peut émettre des demandes d'information en s'adressant à des personnes internes ou externes à l'entreprise. Il peut s'adresser à des membres du personnel, aux dirigeants, mais aussi à des tiers en relation avec l'entité.

Souvent, notamment lors des travaux de fin de mission l'auditeur demande à la direction les déclarations (sous forme de lettres d'affirmation de la direction) (↪ fiche 45) qu'il estime nécessaire dans le cadre de sa mission ou qui sont requises par d'autres normes.

7 Demande de confirmation à des tiers

Selon la norme NEP 505, la **demande de confirmation** des tiers consiste à obtenir de la part d'un tiers une déclaration directement adressée au CAC concernant une ou plusieurs informations (↪ fiche 49).

8 Vérification de calculs

L'auditeur peut être amené à vérifier un calcul effectué par le personnel de l'entité. Ainsi, dans le cadre de la vérification des postes amortissements des immobilisations, il effectuera, notamment pour certaines immobilisations spécifiques, les calculs nécessaires pour justifier le montant des amortissements déjà pratiqués (y compris les amortissements dérogatoires induits par la fiscalité) ainsi que les dotations de l'exercice (amortissements proprement dits et amortissements dérogatoires).

9 Réexécution des contrôles

L'auditeur peut effectuer des contrôles (théoriquement déjà effectués par l'entité) par recoupements internes. Ces contrôles se font par rapprochement d'informations internes provenant de différentes origines (par exemple rapprochement entre les déclarations de taxes sur le chiffre d'affaires, les montants comptabilisés dans le compte « État » et les montants comptabilisés dans les différents postes de charges et de produits).

10 Procédures analytiques

Les **procédures analytiques** (ou examen analytique) sont des techniques de contrôle consistant à apprécier des informations financières à partir de :
- leurs corrélations avec d'autres informations, issues ou non des comptes, ou avec des données antérieures, postérieures ou prévisionnelles de l'entité ou d'entités similaires ;
- l'analyse des variations significatives ou des tendances inattendues.

Types d'examen

Revue de vraisemblance	Examen critique des composantes d'un solde pour identifier celles qui sont *a priori* anormales.
Comparaison de données absolues	Analyse des données de l'exercice par rapport à celles des périodes antérieures pour déterminer si l'évolution est cohérente.
Comparaison de données relatives	Détermination et analyse des ratios significatifs (ex. : ratios d'exploitation, de structure de bilan, de rotation).
Analyse de tendances	Analyse des différents résultats, issus de la comparaison de données absolues ou relatives, en essayant d'en tirer des règles plus précises sur les relations qui existent entre les données utilisées.

11 Contrôle par sondages et autres méthodes d'échantillonnage

Deux types d'opérations peuvent motiver l'auditeur à utiliser les sondages. Il s'agit de :
- l'appréciation du contrôle interne et des procédures comptables (tests de procédures) ;
- la vérification des comptes (contrôles substantifs).

Encore utilisés par un grand nombre d'auditeurs, les sondages ordinaires sont basés sur l'expérience, les impressions, c'est-à-dire sur des critères essentiellement subjectifs. L'auditeur doit s'efforcer de créer un effet de surprise dont il tirera bénéfice, notamment en faisant varier son programme.

De plus en plus, les auditeurs recherchent des critères objectifs qui assurent un côté plus rigoureux à leur analyse. Ils ont donc recours aux techniques d'échantillonnage statistique.

La théorie des sondages est basée sur les probabilités à deux événements : l'élément est acceptable ou l'élément est à refuser.

Des mathématiciens tels Bernouilli, Laplace, Gauss, Poisson, ont montré que de telles études correspondent à la réalité. Des tables adéquates de résultats ont été établies à partir des travaux de ces mathématiciens : il est donc intéressant de les utiliser pour les travaux d'audit.

12 Recours aux travaux d'un autre auditeur

Lorsque l'auditeur utilise les travaux d'un autre professionnel chargé du contrôle des comptes de l'entité, il doit déterminer l'incidence de ces travaux sur son propre audit.

Trois cas peuvent être envisagés :
- exercice du commissariat aux comptes par deux ou plusieurs CAC (cas de comptes consolidés) ;
- utilisation des travaux d'un autre CAC (filiale auditée) ;
- utilisation des travaux d'un expert-comptable.

LE + DE L'EXPERT

Les procédures d'audit comprennent des tests de procédures et des contrôles de substance. Ces procédures sont multiples ; elles doivent être choisies le plus souvent en fonction de l'élément contrôlé et du niveau de risque d'audit lié à cet élément.

48 Appréciation du contrôle interne

Mots-clés

Contrôle interne • Conversation d'approche • Diagramme • Permanence du contrôle interne • Prise de connaissance • Séparation des fonctions

Définition

Le **contrôle interne** est l'ensemble des politiques et procédures mises en œuvre par la direction d'une entité en vue de s'assurer, dans la mesure du possible, la gestion rigoureuse et efficace de ses activités.

1 Place du contrôle interne dans la mission de l'auditeur

À défaut d'étudier chaque transaction contenue dans les comptes annuels (cela impliquerait de refaire en totalité la comptabilité), l'auditeur analyse l'organisation en vue de rechercher si celle-ci inclut les moyens suffisants destinés à détecter toute erreur, anomalie, fraude, etc.

S'il conclut positivement, il accordera un meilleur degré de confiance aux informations traitées dans le système que s'il conclut négativement.

La prise de connaissance des éléments du contrôle interne pertinents pour l'audit permet à l'auditeur d'identifier les types d'anomalies potentielles et de prendre en considération les facteurs pouvant engendrer des risques d'anomalies significatives dans les comptes.

L'auditeur prend connaissance des éléments du contrôle interne qui contribuent à prévenir le risque d'anomalies significatives dans les comptes (↳ fiche 46).

▸ Exemple

Objectifs de contrôle interne de la fonction « Achats fournisseurs »

Le système du contrôle interne de la fonction Achats fournisseurs doit permettre de s'assurer que :
- tous les achats (matières et services) de l'entreprise sont correctement autorisés et comptabilisés ;
- les achats comptabilisés correspondent à des dépenses réelles de l'entreprise ;
- ces dépenses sont faites dans l'intérêt de l'entreprise et conformément à son objet ;
- tous les avoirs à obtenir sont enregistrés ;
- toutes les dettes concernant les marchandises et services reçus sont enregistrés dans la bonne période ;
- les engagements pris par l'entreprise et devant figurer dans l'annexe sont correctement repris. ◂

2 Prise de connaissance des dispositifs du contrôle interne

Afin d'acquérir une bonne connaissance du contrôle interne, l'auditeur doit étudier divers éléments couvrant l'environnement de contrôle jusqu'aux modes de communication utilisés par l'entité.

Éléments du contrôle interne à prendre en compte

	Objectifs de prise de connaissance
Environnement de contrôle	Comportement des personnes constituant le gouvernement d'entreprise et de la direction, leur degré de sensibilité et les actions qu'ils mènent en matière de contrôle interne
Moyens mis en place pour identifier les risques	Identification des risques liés à l'activité de l'entité et leur incidence sur les comptes et définition des actions à mettre en œuvre en réponse à ces risques
Procédures de contrôle interne en place	Façon dont l'entité a pris en compte les risques résultant de l'utilisation de traitements informatisés. Ces procédures permettent à la direction de s'assurer que ses directives sont respectées
Moyens mis en œuvre pour assurer le bon fonctionnement du contrôle interne	Principaux moyens mis en œuvre par l'entité ainsi que la manière dont sont mises en œuvre les actions correctives
Système d'information	Élaboration de l'information financière
Communication	Manière dont l'entité communique sur les éléments significatifs de l'information financière et sur les rôles et les responsabilités individuelles au sein de l'entité en matière d'information financière

La prise de connaissance du dispositif de contrôle peut s'effectuer selon les cinq techniques suivantes :

- la prise de connaissance de documents existants ;
- la conversation d'approche ;
- l'analyse des circuits par **diagramme** ;
- les questionnaires et les guides opératoires ;
- les grilles d'analyse de contrôle interne.

A. Prise de connaissance des documents existants

Définition

La **prise de connaissance** consiste à recenser tout ce qui peut aider l'auditeur à apprécier les systèmes, procédures et méthodes de l'entreprise.

Documents internes à l'entreprise

Ces documents regroupent les organigrammes, diagrammes, circuits des documents, description de poste, recueil des procédures et rapports des auditeurs internes.

Documents externes à l'entreprise

Ces documents regroupent le dossier constitué par l'expert-comptable ou le CAC lors d'une précédente intervention ainsi que les rapports rédigés par d'autres professionnels.

B. Conversation d'approche

Définition

Technique la plus informelle, la conversation d'approche consiste, au cours d'un ou de plusieurs entretiens, à demander aux professionnels de décrire les systèmes en place.

Cette technique présente un certain nombre d'avantages. En particulier, sur le plan psychologique, il est moins frustrant pour les personnes entendues de décrire librement des systèmes dans lesquels elles évoluent que de se sentir obligées de répondre à une foule de questions dont elles ne perçoivent pas toujours l'articulation.

Sa principale difficulté réside dans la synthèse :

- Si l'entreprise étudiée est relativement petite, ce travail reste simple.
- Si elle est l'entreprise est de taille importante et les activités diversifiées, la masse des informations recueillies oralement est difficile à exploiter.

Au-delà d'un seuil critique, la conversation devient une démarche empirique qui doit être délaissée au profit de techniques plus élaborées.

C. Analyse des circuits par diagrammes

Un diagramme est une représentation graphique d'une suite d'opérations dans laquelle les différents documents, postes de travail, de décisions, de responsabilités, d'opérations sont représentés par des symboles réunis les uns aux autres suivant l'organisation administrative de l'entreprise.

Les objectifs des diagrammes de circulation sont de :

- donner un enregistrement des procédures et systèmes de l'entreprise et mettre en relief les aspects importants du contrôle interne ;
- être une base pour les tests de conformité qui servent à vérifier que les procédures sont bien appliquées.

D. Questionnaires

Les questionnaires permettent à l'auditeur, grâce à un grand nombre d'interrogations précises, de déceler les forces et les faiblesses du contrôle interne.

Les questionnaires se présentent habituellement sous :

- une forme fermée (questionnaires fermés : réponse par « oui » ou par « non ») ;
- une forme ouverte (questionnaires ouverts), plus riche (observations détaillées, commentaires, catégorie « autres »).

Faciles d'emploi, les questionnaires garantissent qu'aucun point fondamental à examiner n'est oublié. Les listes types doivent être adaptées aux entreprises et au contexte.

E. Grilles d'analyse

Les grilles d'analyse de contrôle interne ou grilles d'analyse faisant ressortir les fonctions assumées par les postes de travail sont des tableaux à double entrée effectuant l'inventaire des différentes opérations réalisées et permettant en particulier de repérer les cumuls de fonctions.

3 Appréciation de l'existence du contrôle interne

L'appréciation de l'existence du contrôle interne se déroule comme suit :

- Prise de connaissance détaillée du système de traitement des données et des contrôles mis en place par l'entreprise.
- Vérification par des tests que les procédures telles que décrites et que les contrôles indiqués sont appliqués.
- Évaluation des risques d'erreurs qui peuvent se produire dans le traitement des données en fonction des objectifs que doivent atteindre les contrôles internes.
- Évaluation des contrôles internes devant assurer la protection des actifs lorsqu'ils existent des risques de perte de substance.
- Identification des contrôles internes (points forts) sur lesquels l'auditeur pourra s'appuyer et qui lui permettront de limiter ses travaux de vérification.

La vérification de la séparation des fonctions est centrale en matière de contrôle interne.

Définition

La **séparation des fonctions** est le principe par lequel une même personne ne peut à la fois assumer une fonction de décision (ou opérationnelle), une fonction de détention matérielle des valeurs et des biens, une fonction d'enregistrement (saisie et traitement de l'information) ou une fonction de contrôle.

4 Appréciation de la permanence du contrôle interne

L'appréciation de la **permanence du contrôle interne** suit deux étapes :

- la vérification, par des tests, de l'application permanente des procédures (tests de permanence) ;
- la formulation définitive du jugement, à partir de l'évaluation des conclusions des précédentes phases.

Les résultats de cette évaluation doivent permettre d'identifier les points forts et les points faibles. Le document de synthèse permet de passer à la vérification du fonctionnement du système.

En matière informatique, l'auditeur doit s'assurer de la fiabilité des contrôles programmés et effectuer :

- des contrôles généraux des systèmes ;
- des contrôles spécifiques propres aux applications.

L'auditeur détermine dans quelle mesure il peut s'appuyer sur le contrôle interne pour définir la nature, l'étendue et le calendrier de ses travaux ultérieurs.

LE + DE L'EXPERT

L'appréciation du contrôle interne permet à l'auditeur d'évaluer le risque lié aux contrôles et de déterminer ainsi l'importance des contrôles substantifs à effectuer afin de limiter le risque d'audit à un niveau acceptable.

49 Demandes de confirmation à des tiers

Mots-clés

Confirmation directe • Demande de confirmation • Sondage

Selon la norme NEP 505, la demande de confirmation à des tiers (appelée aussi circularisation ou confirmation directe) consiste à obtenir de la part d'un tiers une déclaration directement adressée au commissaire aux comptes concernant une ou plusieurs informations.

1 Informations pour lesquelles il peut y avoir confirmation à des tiers

La demande de confirmation concerne notamment les créances et les dettes ; elle peut aussi concerner d'autres postes, notamment les immobilisations (ex. : demande auprès de la Conservation des hypothèques et du Cadastre pour des terrains et immeubles).

2 Formes de la demande de confirmation à des tiers

La demande de confirmation peut être :
- fermée par laquelle il est demandé au tiers de donner son accord sur l'information fournie ;
- ouverte par laquelle il est demandé au tiers de fournir lui-même l'information.

3 Critères à retenir pour la mise en œuvre de la confirmation à des tiers

Deux critères sont à considérer avant la décision d'utilisation :
- L'importance relative recouvre essentiellement l'importance du poste par rapport au total de l'actif.
- La relativité du risque s'apprécie selon la nature même du poste du bilan considéré.

4 Mise en œuvre de la confirmation par des tiers

A. Relations avec la société contrôlée avant la mise en œuvre

Il apparaît opportun que l'auditeur :
- se concerte très étroitement avec la société contrôlée pour obtenir son accord sur l'utilisation de la confirmation à des tiers ;
- définisse en détail avec elle les modalités pratiques de réalisation (travaux à faire par la société, notamment copie des relevés, frappe et reproduction de la lettre de confirmation, confection des enveloppes ; principes d'expédition et de retour, etc.).

B. Choix des éléments à confirmer

Tiers susceptibles d'être confirmés exhaustivement

Dans cette catégorie, on trouve généralement les banques, les organismes de crédit, les avocats, cabinets de contentieux, conseils fiscaux, administrations fiscales, conservations des hypothèques. Les informations qu'ils donneront porteront à la fois sur les comptes et les engagements de la société.

En ce qui concerne les banques, par exemple, l'intérêt ne réside pas dans la confirmation du solde du compte courant (qui est connu, par le relevé de compte bancaire, lequel a été confronté au compte « Banque » tenu par l'entreprise, grâce à l'état de rapprochement) mais plutôt dans celle des effets escomptés non échus, lignes de crédit ouvertes et utilisées, conditions bancaires, signatures autorisées, engagements reçus, etc.

Tiers à sélectionner préalablement en raison de la taille de la population

Il s'agit surtout des clients, des fournisseurs, du personnel et éventuellement des débiteurs et créditeurs divers.

C. Particularités des demandes de confirmation adressées aux clients

L'objectif de la confirmation des clients est de s'assurer avant toute chose qu'il n'y a pas d'actif fictif. On procédera donc en envoyant un relevé détaillé des risques sur le client sélectionné, c'est-à-dire non seulement les factures non encore réglées et les effets non encore échus, mais aussi les dernières livraisons non encore facturées qu'on lui demandera de confirmer ou d'infirmer.

D. Particularités des demandes de confirmation adressées aux fournisseurs

L'objectif principal de la confirmation des fournisseurs est de déceler des passifs non comptabilisés. On demandera aux fournisseurs d'adresser à l'auditeur le relevé, effectué par lui, des créances qu'il a sur la société contrôlée. C'est ce relevé qui sera rapproché de la comptabilité.

E. Sélection des tiers

L'auditeur effectuera une sélection des tiers à confirmer. Pour cela, il aura recours aux **sondages**.

L'étendue des sondages sera essentiellement fonction de l'appréciation du risque sur le poste considéré : cette appréciation se base sur la qualité des procédures et du contrôle interne en place.

Le choix des soldes à confirmer doit tenir compte de toutes les particularités de l'entreprise contrôlée ; généralement seront retenus :

- les soldes importants ;
- les soldes anciens ;
- les comptes annulés ou ayant fait l'objet de transferts ou de régularisations dans la période ;
- les comptes au nom des employés ;
- les soldes anormaux (dans le contexte de l'entreprise : clients créditeurs par exemple).

F. Choix de la date de confirmation

Il n'est pas possible ni souhaitable de fixer une date unique préétablie à laquelle devraient se faire les confirmations à des tiers. Cependant, pour les tiers pour lesquels la confirmation ne se fera que sur un échantillon (clients et fournisseurs principalement) :

- Si les procédures et le contrôle interne sont satisfaisants, il est possible de mettre en œuvre la demande quelques mois avant ou après la date de l'arrêté comptable.

- Il faut également prévoir un délai suffisant pour obtenir les réponses, en faire le dépouillement et effectuer les relances.
- De plus, il est souhaitable de répartir le travail de l'auditeur dans le temps.

Pour la plupart des tiers qui sont appelés à être confirmés systématiquement (ex. : banques, cadastre, hypothèques), il faut plutôt retenir la date de clôture de l'exercice.

G. Préparation des demandes de confirmation

Toute demande de confirmation doit comporter :
- une lettre explicative ou un formulaire indiquant de façon précise ce qui est attendu du tiers ;
- le cas échéant, les montants sur lesquels l'accord est demandé. Il est alors conseillé d'adresser des relevés de compte ;
- une enveloppe timbrée à l'adresse de l'auditeur (et non de l'entreprise) pour la réponse.

H. Envoi des demandes

À partir du moment où les divers documents sont prêts, il appartient à l'auditeur ou à ses collaborateurs de procéder lui-même à la mise sous enveloppe et au dépôt à la poste. Cette mesure a pour but d'éviter que l'entreprise n'intercepte une ou plusieurs demandes.

I. Réception des réponses

Il est souhaitable que les enveloppes adressées aux tiers comportent extérieurement, non pas le nom de la société contrôlée, mais celui de l'auditeur, de façon à lui être retournées directement en cas d'adresse erronée.

J. Traitement des réponses

Elles seront pointées, au fur et à mesure de leur arrivée sur une feuille de travail spécialisée indiquant, pour chaque poste faisant l'objet d'une confirmation à des tiers, les montants à confirmer, les dates d'envoi et de relance des demandes, et les montants confirmés ou non confirmés adressés par les tiers. Les réponses non confirmées seront analysées.

Pour les clients, par exemple, les principales causes de non-conformité sont des différences dues à :
- des chevauchements, soit de factures (le client n'a pas encore enregistré les dernières factures), soit de règlements (la société n'a pas encore enregistré les derniers règlements) ;
- des erreurs, en général d'imputation comptable, soit de la société, soit du client ;
- des litiges.

Il est possible, avec l'accord de la société, d'entrer en contact avec le tiers pour compléter les informations manquantes :
- En cas de différence, il est possible de demander au comptable de l'entreprise de procéder à un rapprochement des soldes en lui communiquant un double de la réponse ainsi que le modèle de la feuille de travail.
- Faute de réponse des tiers, il faut poursuivre l'investigation par des moyens différents, sous peine d'enlever à l'échantillon retenu sa représentativité.

Ces procédés de substitution peuvent consister :
- soit dans la justification des sommes en compte par rapprochement des factures avec les bons de livraison et les commandes, mais cela nécessite un travail assez lourd ;
- soit dans l'examen du règlement postérieur à la date d'arrêté des sommes en suspens.

▶ Exemple

Vous êtes amené(e) à analyser le programme de confirmation à des tiers mis en place par l'assistant d'un CAC chargé de contrôler la société Alpha.
Ce programme prévoit les cinq points suivants :
- Sélection des 15 clients dont les soldes au 30 novembre sont les plus élevés.
- Préparation des relevés clients et de lettres de demandes de confirmation par la société Alpha. Celles-ci sont établies sur papier à en-tête de la société et précisent l'identité du réviseur, mais pas son adresse.
- Envoi des lettres par l'assistant qui les fait partir de la société en utilisant la machine à affranchir Alpha.
- Examen par l'assistant des réponses reçues par la société et analysées par celle-ci. Aucun contrôle n'est prévu pour les lettres demeurées sans réponse (10 sur 15 comptes sélectionnés).
- Conclusions dressées par l'assistant, sur la base des 10 réponses reçues qui sont en accord avec Alpha, que les comptes clients sont justifiés.

Analyse critique

Dans le cas présenté, on relève les quatre faiblesses suivantes :
- La sélection est effectuée sur la base des soldes au 30 novembre. Si la confirmation est effectuée à cette date, il convient de contrôler les mouvements entre le 30 novembre et le 31 décembre. Si la confirmation est effectuée au 31 décembre, mais que seule la sélection a été faite au 30 novembre, il convient de s'assurer que des soldes importants n'ont pas été omis compte tenu de cette sélection et plus généralement que la sélection n'a pas omis des éléments très importants.
- Les lettres sont envoyées par l'entreprise, ce qui conduit la Poste à y retourner les lettres dont le destinataire serait inconnu.
- Les réponses sont adressées par les clients à la société et non à l'auditeur ; dans ce cas, toute réponse gênante peut être détruite ou corrigée.
- Les autres procédures ne sont pas appliquées pour les clients n'ayant pas répondu (poursuite de l'investigation par des moyens différents : examen d'encaissements ultérieurs, vérification des facturations et des livraisons composant le solde, contrôle d'adresse). L'échantillon de 15 clients sélectionnés n'étant pas traité exhaustivement, le programme de travail n'est pas rempli.

Finalement, il s'agit plus, au cas présent, d'un simulacre de confirmation, les normes d'audit en la matière n'étant pas appliquées. ◀

LE + DE L'EXPERT

Les demandes de confirmation doivent être adressées par l'auditeur (et non par l'entité auditée) aux tiers. Les réponses aux demandes de confirmation doivent être adressées à l'auditeur (et non à l'entité auditée).

50 Rapports émis par l'auditeur

Mots-clés

Assurance raisonnable • Certification • Comptes annuels • Comptes consolidés • Convention réglementée • Examen limité • Gouvernement d'entreprise • Justification des appréciations • Opinion • Rapport d'audit • Rapport de gestion • Vérification

Le rapport d'audit permet à l'auditeur d'exprimer, par écrit, son opinion sur les états financiers et autres documents publiés pris dans leur ensemble. Il conclut la mission d'audit : c'est lui qui permet la perception de l'audit par le public.

Les rapports d'audit du CAC sont normalisés (NEP 700 : rapport du commissaire aux comptes sur les comptes annuels et consolidés) ; il en est de même des rapports d'audit de l'expert-comptable (ISA 700).

D'autres rapports peuvent être établis par le CAC et présentés à l'assemblée générale des actionnaires, notamment le rapport du CAC sur les conventions réglementées.

1 Rapports des CAC sur les comptes annuels et consolidés

Les rapports comportent six parties distinctes (plus trois parties facultatives).

A. Opinion

En application des dispositions des articles L. 823-9 et R. 823-7 du Code de commerce, le CAC déclare :

- certifier que les comptes annuels ou consolidés sur lesquels porte le rapport sont réguliers et sincères et qu'ils donnent une image fidèle du résultat des opérations de l'exercice écoulé ainsi que de la situation financière et du patrimoine de la personne ou de l'entité ou de l'ensemble des personnes et entités comprises dans la consolidation à la fin de l'exercice ;
- assortir la certification de réserves ;
- refuser la certification des comptes ;
- ou être dans l'impossibilité de certifier.

Outre la certification des comptes, l'opinion doit indiquer l'origine de la désignation du commissaire aux comptes, l'identité de la personne ou de l'entité dont les comptes sont certifiés, la nature des comptes, annuels ou consolidés, qui font l'objet du rapport et qui sont joints à ce dernier, la date de clôture et l'exercice auquel les comptes se rapportent, les règles et méthodes comptables appliquées.

B. Fondement de l'opinion

Le fondement de cette opinion comprend :

- la référence aux normes d'exercice professionnel conformément auxquelles la mission a été accomplie ;
- une attestation qu'il n'a pas été fourni de services interdits par le Code de déontologie et, éventuellement, les motifs de la réserve, du refus ou de l'impossibilité de certifier les comptes.

Informations complémentaires au fondement de l'opinion

Le cas échéant, le rapport de l'auditeur peut comprendre également les incertitudes significatives liées à des événements ou à des circonstances susceptibles de mettre en cause la continuité d'exploitation et des observations prévues par les textes légaux et réglementaires, voire toute observation utile.

C. Justification des appréciations

En application des dispositions de l'article L. 823-9 du Code de commerce, le CAC est tenu d'une **justification de ses appréciations** pour toutes les personnes ou entités dont les comptes annuels ou consolidés font l'objet d'une certification.

Les normes NEP 701 et 702 présentent les règles à appliquer par les CAC pour justifier de leurs appréciations dans le cas d'audit d'EIP ou de personnes ou d'entités autres.

D. Vérifications du rapport de gestion et autres documents relevant du gouvernement d'entreprise

Dans le rapport sur les comptes annuels, la partie relative au rapport de gestion et au rapport sur le gouvernement d'entreprise comporte les éléments suivants.

Introduction

Dans l'introduction, le CAC indique qu'il a effectué les **vérifications** spécifiques prévues par les textes légaux et réglementaires.

Informations données dans le rapport de gestion

S'agissant des informations données dans le **rapport de gestion** et dans les autres documents sur la situation financière et les comptes annuels :

- Les conclusions exprimées sous forme d'observation, ou d'absence d'observation, sur la sincérité et la concordance avec les comptes annuels des informations données dans le rapport de gestion et, le cas échéant, dans les autres documents adressés à l'organe appelé à statuer sur les comptes sur la situation financière et les comptes annuels.
- Le cas échéant :
  - l'attestation de la sincérité des informations relatives aux délais de paiement mentionnées à l'article D. 441-4 du Code de commerce et de leur concordance avec les comptes annuels et la formulation de ses observations ;
  - l'attestation de la présence de la déclaration de performance extra-financière (DPEF) visée à l'article L. 225-102-1 du Code de commerce ;
  - la mention des éventuelles irrégularités résultant de l'omission d'informations ou de documents prévus par les textes légaux et réglementaires ou par les statuts et les autres inexactitudes relevées.

Informations données dans le rapport sur le gouvernement d'entreprise

Les informations relevant du rapport sur le **gouvernement d'entreprise comprennent** :

- L'attestation de l'existence des informations sur le gouvernement d'entreprise requises par les articles L. 225-37-3 à 225-37-5 du Code de commerce.

- L'attestation de l'exactitude et de la sincérité des informations relatives aux rémunérations et aux avantages de toute nature versés à chaque mandataire social, fournies en application de l'article L. 225-37-3 du Code de commerce.
- Le cas échéant, les conclusions exprimées sous la forme d'observations (ou d'absence d'observations) sur la conformité de ces informations et la mention des éventuelles autres inexactitudes relevées.

Rapport sur les comptes consolidés

Dans le rapport sur les comptes consolidés, cette partie concerne uniquement la vérification spécifique portant sur la sincérité et la concordance avec les comptes consolidés des informations relatives au groupe contenues dans le rapport de gestion consolidé, ainsi que, le cas échéant, l'attestation de la présence de la déclaration consolidée de performance extra-financière visée à l'article L. 225-102-1 du Code de commerce. S'y trouvent :

- une introduction par laquelle le CAC indique qu'il a effectué la vérification spécifique prévue par les textes légaux et réglementaires ;
- la conclusion issue de cette vérification exprimée sous forme la forme d'observations – ou d'absence d'observations – sur la sincérité et la concordance avec les comptes consolidés des informations relatives au groupe données dans le rapport de gestion.

Vérifications et informations complémentaires

Peuvent être fournies, le cas échéant, d'autres vérifications ou informations complémentaires (ex. : prises de participation).

E. Rappel des responsabilités des organes de gestion de l'entité

Dans cette partie, le CAC précise notamment qu'il appartient à la direction d'établir des comptes annuels présentant une image fidèle conformément aux règles et principes comptables français ou internationaux, selon le cas, ainsi que de mettre en place le contrôle interne qu'elle estime nécessaire à l'établissement de comptes annuels ne comportant pas d'anomalies significatives, que celles-ci proviennent de fraudes ou résultent d'erreurs. La précision de la date d'arrêté des comptes par le conseil d'administration y figure, par exemple pour les sociétés anonymes classiques.

F. Rappel des responsabilités du commissaire aux comptes

Il est rappelé que, pour le CAC, l'objectif recherché est d'obtenir l'assurance raisonnable que les comptes annuels, pris dans leur ensemble, ne comportent pas d'anomalies significatives.

Définition

L'**assurance raisonnable** correspond à un niveau élevé d'assurance, sans toutefois garantir qu'un audit réalisé conformément aux normes d'exercice professionnel permet de systématiquement détecter toute anomalie significative.

Les anomalies (↪ fiche 46) peuvent provenir de fraudes ou résulter d'erreurs. Elles sont considérées comme significatives lorsque l'on peut raisonnablement s'attendre à ce qu'elles puissent, prises individuellement ou en cumulé, influencer les décisions économiques que les utilisateurs des comptes prennent en se fondant sur ceux-ci.

2 Rapports présentés dans le cadre de l'expertise comptable

Les rapports présentés dans le cadre de l'expertise comptable font l'objet de recommandations dans les normes consacrées aux missions de présentation, d'**examen limité** ou d'audit contractuel.

A. Mission de présentation des comptes

L'expert-comptable certifie qu'il n'a pas relevé d'éléments remettant en cause la vraisemblance des comptes.

B. Mission d'examen limité des comptes

L'objectif d'un examen limité est de permettre à l'expert-comptable, sur la base de diligences ne mettant pas en œuvre toutes les procédures d'un audit, d'attester qu'il n'a pas relevé d'éléments le conduisant à considérer que ces comptes ne sont pas établis, dans tous leurs aspects significatifs.

C. Mission d'audit (contractuel) des comptes

Conformément la norme à la norme IAS 700 de l'IFAC, l'expert-comptable certifie, par exemple, que les états financiers donnent, dans tous leurs aspects significatifs, une image fidèle de la situation financière de la société à (date), ainsi que de sa performance financière et de ses flux de trésorerie pour l'exercice clos à cette date, conformément à un référentiel comptable (PCG, normes IFRS).

3 Le rapport du CAC sur les conventions réglementées

Les articles L. 225-38, L.225-39 et L. 225-43 du Code de commerce distinguent trois types de conventions :
- les conventions soumises à autorisation préalable (article L. 225-38) ;
- les conventions portant sur des opérations courantes et conclues à des conditions normales (article L. 225-39) ;
- les conventions interdites (article L. 225-43).

Dans le cadre des conventions soumises à l'autorisation préalable du conseil d'administration, le CAC établit un rapport spécial, distinct du rapport général.

Le rapport spécial contient notamment :
- l'énumération des conventions soumises à l'approbation de l'assemblée générale ;
- le nom des administrateurs ou directeurs généraux concernés ;
- la nature et l'objet desdites conventions ;
- les modalités essentielles de ces conventions ;
- l'importance des fournitures livrées ou des prestations de services fournies ;
- l'énumération des conventions et engagements conclus et autorisés au cours d'exercices antérieurs dont l'exécution a été poursuivie au cours du dernier exercice.

LE + DE L'EXPERT

Le rapport du CAC sur les comptes sociaux ou les comptes consolidés comprend obligatoirement six parties distinctes : l'opinion, le fondement de l'opinion, la justification des appréciations, la vérification du rapport de gestion et autres documents, le rappel des responsabilités des organes de gestion et le rappel des responsabilités du CAC.

84107 - (I) - SOP 90° - P3275 - NOC - PRU - DUPLIPRINT 733, rue Saint-Léonard, 53100 MAYENNE
Dépôt légal : août 2022 - *OF : 2975486L - Imprimé en France*